蔣偉男　編著
學苑出版社

里耶秦簡文字編

第叁册

☐□何

☐水原　8-608

☐言之。□☐

☐來□☐　8-609

8-610綴合至8-475

……☐

丞主移【真】☐

告主。綏手☐

言勿留薄（簿）☐　8-611

8-612綴合至8-419

☐□☐　8-613

☐髤☐　8-614

案所=□=☐

更實之☐　8-615

☐急　8-616

☐陵少內貲【責】☐　8-617

☒年，年廿七【歲】☒ 8-618

8-619綴合至8-517

☒辥（辭）曰：吏以爲 8-620

☒紅付校 券各一。曰 以□☒ 8-621

8-622綴合至8-371

☒棓敢☒ 8-623

8-624綴合至8-227

上從□☒ 8-625

☒四石三斗半斗☒ 8-626

卒歲未具者最☒ 8-627

徒衣☒ 8-628

☒奏爲黔首
☒□書及律令 8-629

☐□病有能治者言，□☐　8-630

☐□故令人行　8-631

御史覆獄治充☐　8-632

少內。　8-633

☐廷☐　8-634

☐爲遷陵☐　8-635

☐……☐　8-636

8-637綴合至8-600

遷☐　8-638

☐屌探☐　8-639

☐□卒□發，敢言☐　8-640+8-641

☐□令曰□☐

☐□□☐　8-642

□□☐

志尉☒
子☐☒　　8-643

敬問之：吏令徒守器而亡之，徒
當獨負。•日足以負責，吏弗責，負者死
亡，吏代負償。（正）
徒守者往戍可（何）？敬訊而負之，可不可？
其律令云何？謁報。（背）　　8-644

廿九年九月壬辰朔辛亥，貳春鄉守根敢言之：牒書水
火敗亡課一牒上。敢言之。（正）
九月辛亥旦，史邛以來。感半。　　邛手。（背）　　8-645

……
⧄□律令⧄
……（正）
……
⧄發□⧄（背）　8-646

⧄□酉陽守丞又敢告遷陵丞主：令史曰：令佐莫邪自言上造
⧄□遣莫邪衣用錢五百未到。遷陵問莫邪衣用錢已到
⧄問之，莫邪衣用未到。酉陽已騰書沅陵。敢告主。（正）
⧄刻，隸妾少以來。朝半。　彼死手。（背）　8-647

丗一年七月辛亥朔甲子，司空守□敢言之：今以初爲縣卒
𤸃死及傳槥書案致，毋應此人名者。上真書。書癸亥

到，甲子起，留一日。案致問治而留。敢言之。（正）
章手。（背）　8-648

邦尉、都官軍在縣界中者各▨
皆以門亭行，新武陵言書到署▨
……（正）
……
▨母子之子（背）　8-649　原注釋：正背面書寫順序相反。

涪陵來以買鹽急，卻即道下，以券與卻，
靡千錢。除少內，□卻、道下操養錢來視。華購而出之。　8-650正+8-1462正
應多問華得爲事繇。華爲應問，適
以前日所分養錢者以寄遺應，即酉陽□□。　8-650背+8-1462背

啓陵津船人高里士五（伍）啓封當踐十二月更，□【廿九日】□☐

正月壬申，啓陵鄉守繞劾。

卅三年正月壬申朔朔日，啓陵鄉守繞敢言之，上劾一牒☐（正）

正月庚辰旦，隸妾咎以來。履發。☐（背）　8-651

8-652 綴合至 8-67

元年八月庚午朔朔日，遷陵守丞固☐

之。守府書曰：上真見兵會九月朔日守府・今☐

書者一牒，敢言之。九月己亥朔己酉，遷陵□☐（正）

敢言之。□□主□□□之。贛手。☐

贛☐（背）　8-653

朔朔日，遷陵☑　8-654正+8-658正

☑囷狀☑　8-654背+8-658背

☑酉朔☑

☑月式令☑（正）

☑水□☑（背）　8-655

8-656綴合至8-60

☑亥朔辛丑，琅邪叚（假）【守】□敢告內史、屬邦、郡守主：琅邪尉徙治即【默】☑

琅邪守四百卌四里，卒可令縣官有辟、吏卒衣用及卒有物故當辟徵遝☑

告琅邪尉，毋告琅邪守。告琅邪守固留費，且輒卻論吏當坐者。它如律令。敢□☑

□一書。•以蒼梧尉印行事。六月乙未，洞庭守禮謂縣嗇夫聽書從事□

□軍吏在縣界中者各告之。新武陵別四道，以次傳。別書寫上洞庭（正）

尉。皆勿留。葆手。

驕手。八月甲戌，遷陵守丞膻之敢告尉官主，以律令從事傳別【書】

貳春，下卒長奢官。□手。丙子旦食走印行☑

□【月庚】午水下五刻，士五（伍）宕渠道平邑疵以來。朝半。　洞☑（背）　8-657

8-658 綴合至 8-654

七月壬辰，贛敢大心再捧（拜）多問芒季：得毋爲事☑

居者（諸）深山中，毋物可問，進書爲敬。季丈人、柏及☑

毋恙殹。季幸少者，時賜☑

史來不來之故，敢謁□☑　8-659 正+8-2088

☒官　☒　　8-659背

卅五年八月丁巳朔丙戌，都鄉守☒
士五（伍）兔詣少內受□。•今□☒（正）
九月丁亥日垂入，鄉守蜀以來。瘳☒（背）　　8-660

☒朔己未，貳春鄉茲☒
☒□爲南里典庳，謁☒
☒□下書尉，尉傳都□☒（正）
☒貳春鄉治□☒（背）　　8-661

□乂乂□☒（正）
□□□☒（背）　　8-662

二人付□□□。
一人付田官。
一人付司空：枚。
一人作務：臣。
一人求白翰羽：章。
一人廷守府：快。（第一欄）
其廿六人付田官。
一人守園：壹孫。
二人司寇守：囚、媍。
二人付庫：恬、擾。
二人市工用：餌、亥。
二人付尉□□☐（第二欄）（正）

五月甲寅，倉是敢言之：寫上。敢言之。☐（背）　8-663

卅二年九月甲戌朔朔日，遷陵守丞都敢☐
以朔日上所買徒隸數守府。•問☐
敢言之。☐　8-664 正+8-1053 正+8-2167 正
九月甲戌旦食時，郵人辰行。☐　8-664 背+8-1053 背+8-2167 背

8-665 綴合至 8-60

卅年五月戊午朔辛巳，司空守敞敢言之：冗戍士五（伍）□
歸高成免衣用，當傳。謁遣吏傳。謁報。
敢言之。　8-666 正+8-2006 正
辛巳旦食時食時，隸臣殷行。　武☐　8-666 背+8-2006 背

8-667 綴合至 8-543

8-668 綴合至 8-141

8-669 綴合至 8-110

□☐（正）
□□□一以一上三四☐（背）　8-670

☐校長援，丙子盡丙戌十一日，不肆□☐
☐□丁亥朔戊子，尉守建、尉史午劾☐　8-671 正+8-721 正+8-2163 正
☐朔戊子，尉守建敢言之：寫上。謁☐　8-671 背+8-721 背+8-2163 背

丗年二月己丑朔壬寅，田官守敬敢言【之】☐

官田自食薄（簿），謁言泰守府□☐

之☐（正）

壬寅旦史逐以來。尙半。☐ （背） 8-672

丗五年七月【戊子】朔壬辰，貳【春】☐

書毋徒捕羽，謁令官亟☐

之。七月戊子朔丙申，遷陵守☐ 8-673正+8-2002正

遣報之傳書。歓手。☐

七月乙未日失（昳）【時，東】成□上造□以來。☐ 8-673背+8-2002背

8-674綴合至8-528

……

……

☒官□　如是言☒

……（正）

☒朐☒

☒□☒（背）　8-675

☒□□□布□□□☒

☒□□從……☒（正）

☒……廿丗☒

☒……廿☒（背）　8-676

〼【八】年三月庚子朔丙寅，既守信成敢言之：前日言啓陽丞歐叚（假）啓陽傳車
丗乘及具徙【洞庭郡，未智（知）署縣。寫校券一牒，校□□□上，謁□洞庭。】（正）
〼祛手。（背）　8-677

幸之。（正）
季幸　心季。（背）　8-678

〼□□〼
〼般〼（正）
〼【瞫】〼（背）　8-679

【它如】辟書。〼（正）
□□各〼（背）　8-680

□囚吾作徒薄（簿）（第一欄）
九人與吏上事守府。□
五人除道：澤、務、宬、央、臧□
三人作廟。（第二欄）
二人付都鄉：它、章。
二人付庫：□、綏。
一人治觀：陽。
□人□□□晳。（第三欄）
隸妾居貲□□□
受倉隸妾□□
·凡八十五人。□
其二人付畜官□（第四欄）
8-681正+8-1641

☐=下一，佐居以來。☐　8-681背

妶、嗛、涓、姣、隋、澍、支、章辨、【弟】☐（正）

傷　月七　月七　月七☐（背）　8-682　原注釋：背面書寫順序相反。

☐□鬼薪奢、頹皆有☐

☐□獄史賈移遷陵，今□☐（正）

☐□手。☐（背）　8-683

萬二千七百卌四人。·四萬二千四百卌四☐（正）

百卌七人。　百六十四。☐（背）　8-684

8-685 綴合至 8-462

廿九年八月乙酉，庫守悍作徒薄（簿）：受司空城旦四人、丈城旦一人、舂五人、受倉隸臣一人。·凡十一人。（A）
城旦二人繕甲□□。
城旦一人治輸□□。
城旦人約車：登。（第一欄）
丈城旦一人約車：缶。
隸臣一人門：負劇。
舂三人級：婍、□、娃。（第二欄）
廿廿年上之▨（第三欄）

8-686正+8-973正

八月乙酉，庫守悍敢言之：疏書作徒薄牒北（背）上，敢言之。逐手。
乙酉旦，隸臣負解行廷。

8-686背+8-973背

☐隋延乏（正）

☐也報（背）　8-687

8-688綴合至8-199

☐□昌☐

☐□□☐（正）

☐□□□☐（背）　8-689

□☐（正）

……己□……☐

……告主□□□☐

十二月己□□佐臂以來。□☐（背）　8-690

言。訊應：不能令且當罪，何解？辤（辭）曰：罪〼（正）
訊，言吏不能其事，故有令。今〼（背）　8-691

〼亥朔朔日庫□〼
〼敢言之〼（正）
〼泰半升〼（背）　8-692

卅二年二月丁未〼
貲一人……〼（正）
發　〼（背）　8-693

□□年十二〼

死歸□☒
復傳，敢□☒（正）
更戍士五（伍）□☒
……☒
……☒
……☒（背）　8-694

臨沅主司
空發洞庭。（正）
遷陵·洞庭。（背）　8-695

卅五年六月丁□☒（正）
父女□□☒（背）　8-696

□月乙亥，司空□作□☒
□一人有逮☒
□人送兵☒
一人吏養□☒（正）
卅三年三月辛☒
□□月乙亥旦□☒（背）　8-697

☒過□□郵·（正）
☒□□□□（背）　8-698

廷吏曹（正）
尉☒（背）　8-699

九千四百八☐（正）

□□九□☐（背）　8-700

☐巳敢言之：上最（正）

☐逐【手】。（背）　8-701

☐□敢告遷陵丞主：主曰當歸☐今已☐　8-702正+8-751背

☐二甲；過卌人到八十人，貲二☐

☐爵一級。□衣菽聶☐　8-702背+8-751正　原注釋：正背面書寫順序相反，「當歸今已」

因字空不夠而分行書寫。

以承□☐

以朐具〼（正）

詔〼（背）　8-703

〼□遷陵守丞齮【敢】言之：前日令史齮〼

〼□守書曰課皆□應式令，令齮定□〼

〼□課副及當食人口數，別小大爲食〼

〼□□課副及□傳上，有不定〼　8-704正+8-706正

〼言之守府。丙申、己亥、甲辰追，今復〼

〼手。

〼守丞齮敢言之：令二月□亥追今復寫前日〼

〼時都郵人羽行。〼　8-704背+8-706背

〼月戊寅朔朔日，遷〼

☒已上後死亡輸它縣官、輸□□□☒

☒毋當令者，敢言之。☒（正）

☒齮行。（背）　8-705

8-706 綴合至 8-704

□罰□・敦□伏狀☒（正）

發發・婥女再兩□☒（背）　8-707

☒□□五年卅卅五□☒（正）

☒不不☒（背）　8-708　原注釋：正背面書寫順序相反，正面第四字「卅」倒寫。

尉（正）

廷主吏發（背）　8-709

⧄□上疏□大夫□季⧄（正）

⧄時⧄（背）　8-710

壹　七月甲子月七月七月甲子貳⧄（正）

乙二言巨□高□⧄（背）　8-711

⧄□□□高里□□（正）

……（背）　8-712

丗二年日酉陽成里小男子⧄（正）

□廣□⧄（背）　8-713

⧄□水□⧄（正）

⧄□⧄（背）　8-714

⧄□·泰半斗石廿⧄（正）

⧄辛丑丙⧄（背）　8-715　原注釋：正背面書寫順序相反。

卅三年九月戊申朔甲⧄（正）

七月壬子旦食□⧄（背）　8-716

廿六年五月戊戌，弩發守安⧄

……（正）

尉史福上廷。⧄（背）　8-717

☐中以臣告☐（正）

……（背）　8-718

☐□陵□☐（正）

☐□□□□行洞☐（背）　8-719

☐合肊☐（正）

☐加以戊子☐（背）　8-720

8-721 綴合至 8-671

☐敢言之。尙手。☐

……（正）

☐□□□□□☐

☐之。二月癸丑，遷陵□☐（背）　8-722

☐□□□□□☐（正）

☐□□□□□□☐（背）　8-723

☐寫上。敢言之。☐（正）

☐一人【病】☐（背）　8-724

☐三月癸丑朔甲子，田鼂☐

☐□□□□☐　8-725 正+8-1528 正

☐【敢言】之☐

☒□佐□以來。□☒　　8-725背+8-1528背

8-726綴合至8-369

衣☒（正）

衣……☒（背）　　8-727

☒獄南曹書二封，遷陵印：一洞庭泰守府，一洞庭尉府。·九月☒　　8-728正+8-1474正

☒己亥餔時，牢人誤以來☒　　8-728背+8-1474背

☒來求☒（正）

☒□☒（背）　　8-729

☑【守】丞巸敢謁。☑（正）
☑發。（背） 8-730

☑八月□□☑
☑春鄉戶計。☑（正）
☑以郵行，不求報，敢言之。☑（背） 8-731

☑發☑（正）
☑得徙☑（背） 8-732

☑敢告史丞☑
☑報氏敢告尉☑ 8-733正+8-2157正
☑都郵人慶以□☑ 8-733背+8-2157背

卅五年十月壬□☑
徒卒及徒☑（正）
見禾稼五□☑
度卅五年縣官☑
食當食者☑（背） 8-734

娄甄☑（正）
☑印印印☑（背） 8-735

卅一年四月癸未朔甲午，【倉是】□☑
大隸臣廿六人☑
其四人吏養：唯、冰、州、□☑（正）

□午旦隸【妾】□▨（背）　8-736

▨□休　▨（正）

▨　逆▨（背）　8-737

▨十二月乙□水十一刻刻下九▨

▨□□【罷及徒四人略二人】▨（正）

▨刻刻下□，牢臣二以來。元▨（背）　8-738

▨敢言之，令令史（正）

▨　饒手。（背）　8-739

▨庭守禮謂縣嗇夫上見禾【稼】▨

☐□令縣上會十二月朔日，疑縣☐

☐上，以郵行，勿留，各□書☐　8-740正+8-2159正

☐已上☐

☐下九，郵人慶以來。綽手。☐　8-740背+8-2159背

爲☐（正）

沂所☐（背）　8-741

【廿】八年五月己亥朔己未，□☐

襄皆坐同□□城邑☐

謁告安□定以結□☐

報，敢言之。☐（正）

……

……水下二刻，走⧄（背）　8-742

⧄朔【甲午】□⧄

⧄卒長主□⧄（正）

⧄□□□之□□□□⧄

……（背）　8-743

⧄有年正月⧄（正）

⧄□⧄（背）　8-744

武武武⧄（正）

昌昌昌足前日武武武⧄（背）　8-745

▨枳鄉守糾敢【言之】：遷陵移佐士五（伍）枳鄉里居坐課▨
▨署其犯灋【爲】非年月日，不可以定課，今寫論報
▨書謁告【遷陵】，具署居犯灋爲非日爲報，
▨主戶發。敢言之。六月己酉，枳鄉守糾敢言之，謁
▨五年十二月【辛】酉朔庚午，枳鄉守定　8-746正+8-1588正

▨敢言之。□▨
▨朔壬申□丞□……▨
▨……　8-746背+8-1588背

▨□未□過酉陽▨　8-747

8-748 綴合至 8-60

……（正）

⍁□手（背）　8-749

署⍁（正）

倉⍁（背）　8-750

8-751 綴合至 8-702

8-752 綴合至 8-26

⍁　襲夷山到與谿到爰淺到襲鼓山到貳

⍁邑旁　邑邑（正）

⍁書到急朔書急

〼上入襲夷山急急急急急（背） 8-753

卅年□月丙申，遷陵丞昌，獄史堪【訊】。昌辤（辭）曰：上造，居平□，侍廷，爲遷陵丞。□

當詣貳春鄉，鄉【渠史獲詣它鄉，□失】（A）

道百六十七里。即與史義論貲渠、獲各三甲，不智（知）劾云貲三甲不應律令。故皆毋它坐。

它如官書。（A） 8-754正+8-1007

〼堪手。 8-754背

卅四年六月甲午朔乙卯，洞庭守禮謂遷陵丞：

丞言徒隸不田，奏曰：司空厭等當坐，皆有它罪，（正）

歇手。（背） 8-755

耐爲司寇。有書，書壬手。令曰：吏僕、養、走、工、組

織、守府門、劾匠及它急事不可令田，六人予田徒　8-756

四人。徒少及毋徒，薄移治虜御史，御史以均予。今遷陵
廿五年爲縣，廿九年田廿六年盡廿八年當田，司空厭等　8-757

失弗令田。弗令田即有徒而弗令田且徒少不傳于
奏及蒼梧爲郡九歲乃往歲田。厭失，當坐論，即　8-758

如前書律令。七月甲子朔癸酉，洞庭叚守
繹追遷陵。歇手。·以沅陽印行事。　8-759　按：簡七五五—七五九可按序號編連。

粟米一石二斗半斗。　卅一年三月丙寅，倉武、佐敬、稟人援出稟大隸妾□。
令史尚監。　8-760　原注釋：左側刻齒爲「一石二斗半斗」。

粟米一石九斗少半斗。丗三年十月甲辰朔壬戌，發弩繹、尉史過出貣罰戍士五醴醴陽同□祿。廿（A）

令史兼視平。　過手。　8-761　原注釋：左側刻齒爲「一石九斗少半斗」。

徑廥粟米一石二斗半斗。　·丗一年十二月戊戌，倉妃、史感、稟人援出稟大隸妾援。

令史朝視平。　8-762　原注釋：左側刻齒爲「一石二斗半斗」。

粟米一石二斗半斗。　·丗一年三月癸丑，倉守武、史感、稟人援出稟大隸妾并。

令史犴視平。　感手。　8-763　原注釋：左側刻齒爲「一石二斗半斗」。

徑廥粟米一石九斗少半斗。丗一年正月甲寅朔丙辰，田官守敬、佐壬、稟人顯出稟貣士五（伍）巫中陵免將。（A）

令史扁視平。　壬手。　8-764　原注釋：左側刻齒爲「一石九斗少半斗」。

卅四年九月癸亥犴，癸酉三。
卅四月〈年〉八月丁未，犴。
蔓柏丞□廷卅四年八月丙申下。（正）
卅五年。　三月朔日卻、壬辰卻、壬寅卻。
正月甲辰夫。
二月壬午夫。
二月辛丑卻、癸卯卻。
正月甲辰乙、丙午乙、戊申乙。（背）8-765　原注釋：「蔓柏丞□廷卅四年八月丙申下」書寫順序與其他簡文相反。

徑廥粟米一石二斗少半斗。卅一年十一月丙辰，倉守妃、史感、稟人援出稟大隸妾始。

令史偏視平。　感手。　8-766　原注釋：左側刻齒爲「一石二斗少半斗」。

廿八年七月戊戌朔辛酉，啓陵鄉趙敢言之：令曰二月
壹上人臣治（笞）者名。·問之，毋當令者。敢
言之。（正）
七月丙寅水下五刻，郵人敞以來。敬半。　貝手。（背）　8-767

卅三年六月庚子朔丁未，遷陵守丞有敢言之：守府下
四時獻者上吏缺式曰：放（仿）式上。今牒書應
書者一牒上。敢言之。（正）
六月乙巳旦，守府即行。　履手。（背）　8-768

卅五年八月丁巳朔己未，啓陵鄉守狐敢言之：廷下令書曰取鮫魚與

山今盧（鱸）魚獻之。問津吏徒莫智（知）。•問智（知）此魚者具署
物色，以書言。•問之啓陵鄉吏、黔首、官徒，莫智（知），敢言之。•戶（正）
曹。
八月□□□郵人□以來。□發。　狐手。（背）　8-769

卅五年五月己丑朔庚子，遷陵守丞律告啓陵
鄉嗇夫：鄉守恬有論事，以旦食遣自致，它
有律令（正）
五月庚子，□守恬□□。　敬手。（背）　8-770

凡一石一斗。
呂柏取五斗一參。
秏（耗）二參。☐（正）

賣二斗取美錢卅，賣三斗▨
柏已取廿一，今使者八十一。▨
不意且更求更。
之□▨（背）　8-771

南郡泰守▨（正）
洞庭守府▨（背）　8-772

卌二人徒養。
八十四人邦司空公白羽。（正）
廷（背）　8-773

廷。　8-774

以其耐致耐之，其有贖罪各以其贖讀論之。　8-775+8-884

卅年四月盡九月，
倉曹當計禾
稼出入券。
已計及縣
相付受
廷。　第甲。　8-776

從人論報，
擇免歸，致
書具此

中。（圖案） 8-777

廷令

曹發。 8-778

卅年。 萬三千人八百廿三。 8-779

三人負土：軫、乾人、央芻。

二人取城□柱爲甄廡：賀、何。

三人病：骨、駠、成。（第一欄）

一人徒☑（第二欄） 8-780

卅一年六月壬午朔丁亥，田官守敬、佐郚、稟人婭出貣罰戍簪褭壞（褱）德中里悍。

令史逐視平。　郄手　8-781+8-1102

……季，季幸耤（藉）小吏□□信▨

急使之，賜報。　8-782+8-810

▨守卻付庫建。　瘳手。　8-783

▨【丁酉遣自致其責（債）入貲校丗三】年　8-784+8-943

▨不備，直錢四百九十。少內段、佐卻分負各二百卌五。

▨　瘳手　8-785

▨繆死。　丗二▨　8-786

卅年十月癸卯，貳春鄉守綽作徒薄（簿），受司空居責（債）城旦□☑

其一人治土：胯。 □□□□☑ 8-787+8-1327

☑【徒】所取□☑ 8-788

不論敢言之。 8-789

☑【少】內守卻。 瘳手。 8-790

☑發。 8-791

若有所燥，治。治即用不臧（藏）。·以五月盡時艾（刈）取析蒖暴（曝）

乾，取乾、取實臧（藏）。　8-792+8-1772

士五（伍）巫倉溲昌產尸貲錢萬二千五百五十二。

卅一年四月甲申，洞庭縣官受巫司空渠良。　8-793+8-1547

倉。　8-794

⧄□釰二。　卅五□⧄　8-795

⧄【已】移□□□□□令寫移⧄應　8-796

循欲欲□⧄　8-797

☐律閒閒帚帚　8-798

廷☐

金布發☐　8-799

徑廥粟米一石二斗半斗。　丗一年二月辛卯，倉守武、史感、稟人堂出☐

令史犴視平。☐　8-800　原注釋：左側刻齒爲「一石二斗半斗」。

丗年十月辛亥，啓陵鄉守高☐

受司空仗城旦二人。

二人治傳舍：它、骨。　8-801

☐癸卯，少內守就叚令史郤，郤以市　8-802

以律令☐ 8-803

廷詣及上解牒，令以書言，署獄☐ 8-804

☐城旦舂耐以爲鬼薪白粲，其當耐☐ 8-805

☐卅四年【九月癸亥朔庚辰，守府賢受少】內守狐☐ 8-806

鄢江里孱。□☐ 8-807

☐子卅七人☐ 8-808

都鄉佐襄死。　8-809

8-810綴合至8-782

錢三百五十。卅五年八月丁巳朔癸亥，少內沈出以購吏養城父士五得。得告戍卒贖耐罪惡。

令史華監。　瘳手。　8-811+8-1572

廷。　8-812

尉。　8-813

☑　令史歡監☑　8-814

作徒薄（簿）及最丗一☐　8-815

粟米二石。令☐

丗一年三月癸丑，貳春鄉守氐夫□☐　8-816　原注釋：左側刻齒爲「二石」。

☐令。　8-817

錢四萬九千四百六十九☐　8-818　原注釋：左側刻齒爲「一萬」，以下殘斷。

☐九月壬辰朔辛亥，牢人□□□受少內□☐　8-819

☐令。華手。　8-820

丙廥粟米四石五斗。　•卅一年十月甲寅，倉守妃☐　8-821　原注釋：左側刻齒爲「四石五斗」。

☐臧、骨☐

☐賀、何成、軫、乾人☐　8-822

校長予言敢大心多問子柏：柏得毋恙毆？柏得毋爲事繇虖（乎）？毋以問，進書爲敬。敢謁之。前所謁者（諸）柏，柏幸之，不敢亡（無）賜。今爲柏　8-823正+8-1997正

下之，爲柏寄食一石☐　8-823背+8-1997背

☐半斗。　卌五年八月丁巳朔丙戌，倉茲、司空守俱☐　8-824+8-1974　原注釋：左側刻齒爲「五十石七斗半斗」。

▨遷陵洞庭▨　8-825+8-1513

▨□□□□▨　8-826

▨□于隸臣齰，所取錢十二。

▨　般手。　8-827

遷陵洞庭。　8-828

廷吏曹。　8-829

主食發，它如律令。·以沅陽印行事。　8-830+8-1010

☑□微　8-831

廷。　8-832

……□□令☑　8-833

陽里戶人大夫刀。卅五年新買大奴曰齊☑　8-834+8-1604

毛季。　尺☑　8-835

粟廿九石。　卅五年七月戊子朔乙未，倉守☑　8-836+8-1779　原注釋：左側刻齒爲「廿八石」，以下殘斷。

取堇芒群木實十⍁　　8-837

錢二千六百八十八。⍁

卅四年後九月壬辰朔丁酉□⍁　　8-838　　原注釋：左側刻齒爲「二千六百一十」，以下殘斷。

卅五年正月庚寅朔朔日，倉守擇、佐⿱癸月、稟人中⍁

令史就視平。　　8-839+8-901+8-926

廷。　　8-840

⍁卅四年七月甲子朔丁亥，少內守⍁　　8-841

都鄉　8-842

☐六。　卅四年後九月壬辰朔丁巳，少內守平付倉守履。
卻手。　8-843+8-1240　原注釋：左側刻齒爲「六」，以上殘斷。

☐升六分升一。☐　8-844

卅五年六月戊午朔己巳，庫建、佐般出賣【祠】☐
衛（率）之，斗二錢。☐　8-845　原注釋：左側刻齒爲「六」，上下殘斷。

☐之不同不可☐　8-846+8-861

☐己巳，庫建、佐般出賣祠☐

☑　令史歡☑　8-847

遷陵洞　8-848

☑□付庫守遂。　8-849

☑人忠出貸更戍士五城父陽鄭得☑　8-850

寇田計☑　8-851

☑□受□☑　8-852

☑【者不可已已且自】☑　8-853

☑倉守擇付司空守得、佐忌行☑　8-854

下臨沅請定獻枳枸程，程　已　8-855

☑□□□☑　8-856

☑芒季□☑　8-857

二萬二千七百卌。　8-858

☑□遷陵故當論論言史（事）☑　8-859

元年遷⧄

堖□斗一升□⧄　8-860

8-861 綴合至 8-846

廷。　8-862

南里小女子苗，卌五年徙爲陽里戶人大女嬰隸。　8-863+8-1504

⧄　畸手。　8-864

⧄臂手。　8-865

⧄□從事　8-866

⧄夫佐卻當坐【夫】⧄　8-867

⧄爵二級自爲，爲⧄　8-868

爲奏，傅所以論之律令，言展薄留日。•令　8-869+8-1617

貳春鄉。　8-870

⧄城宗里黑。　8-871

⧄□。　今田佐。　8-872

令丞、令史主解說爵及　8-873

薄（簿）已何解。　8-874

官相付受毋過壹䅹。　8-875

·治暴心痛方：令以□屋左□□□□□取其□□草蔡長一尺，□□三析，専（傅）之病者心上。

8-876

六月乙丑，獄佐𤙘訊戍：戍私留苑中，吏益僕□☑　8-877+8-966

廷戶

發。 8-878

冗佐上造芒安□□ 8-879

▨令史圂視。 敬手。 8-880

▨ 丗。 8-881

泥沂鄉斤守沂陽守泥邑里士五（伍） 8-882

亦盡然各以程令□□ 8-883

8-884綴合至8-775

☐ 適敢謁☐ 8-885

竹笥三合。 四年十一月丁卯朔庚寅，少內守壬受司空唐。 沈手。 8-886+8-1220 原注釋：右側刻齒爲「三合」。

貳春鄉佐缺一人。☐ 8-887

錢二千一百五十二。卅五年六月戊午朔丙子，少內沈受市工用叚（假）少內唐。瘳手。 8-888+8-936+8-2202 原注釋：右側刻齒爲「十二」。

繭六兩。 卅五年六月戊午朔乙☐ 8-889 原注釋：右側刻齒爲「六」。

卅年九月庚申，少內守增出錢六千七八廿，環（還）令佐朝、義、佐𥁕貲各一甲，史犴二甲。

九月丙辰朔庚申，少內守增敢言之：上出券一。敢言之。欣手。九月庚申日中時，佐欣行。

8-890+1583

錦繒一丈五尺八寸。　卅五年九月丁……內守繞出以爲獻。　原注釋：左側刻齒爲「十七」。

令佐俱監。　8-891+8-933+8-2204

☐一枚十二同齒。　8-892

☐少受牢人文所受少內器券一☐二百六十六同齒，受☐　8-893　原注釋：右側刻齒爲「九」。

故邯鄲韓審里大男子吳騷，爲人黃皙色，隋（橢）面，長七尺三寸☐

年至今可六十三、四歲，行到端，毋它疵瑕，不智（知）衣服、死產、在所☐　8-894

小女子卌六☐ 8-895

守丞配，上造，居競陵陽處，免歸。☐ 8-896

遷陵洞☐ 8-897

☐甲辰，倉守言付司空俱，俱受券及行。

☐聾手。 8-898+8-972

☐貸適戍士五（伍）高里慶忌☐ 8-899

筥九合。 卌五年八月丁巳朔庚申，田官壬☐ 8-900 原注釋：右側刻齒爲「九」。

8-901 綴合至 8-839

☐父西中痤九月食

☐令史歡視平。 臂手。 8-902

充・洞☐ 8-903

城旦瑣以三月乙酉有遝。今隸妾益行書守府，因之令益治邸【代】
處。謁令倉司空薄（簿）瑣以三月乙酉不治邸。敢言之。五月丙子
朔甲午，遷陵守丞色告倉司空主，以律令從事，傳書。圂手。 8-904+8-1343

廷。 8-905

卌四年
遷陵課
笥。 8-906

卌五年六月戊午朔己巳，庫建、佐般出賣祠窨餘徹酒二斗八升于□☐
衛（率）之，斗二錢。令史歡監。☐ 8-907+8-923+8-1422

☐守府 8-908

☐粟米四石九斗少半。 卌五年五月己丑朔乙巳☐ 8-909 原注釋：右側刻齒爲「四石九斗少半」。

枳　8-910

⧄史若獄　□⧄　8-911

⧄遷遷遷陵□守丞巸　8-912

【蒲】席一。　枲參絇緘衺三丈四。⧄　8-913

絲十八斤四兩。　卅五年八月丁巳朔甲子，少內【沈】⧄　8-914+8-1113　原注釋：左側刻齒爲「十八斤四兩」。

⧄□守妃、佐富、稟人援　8-915

☑袤長三丈四尺。　卌四年二月丙申【朔】☑　8-916

☑隸。　【錢】八。

☑　令佐歡監。□　8-917

□六年六月丙辰，遷陵拔爰書：即訊□☑

爲求得婺其產咎安成不更李□☑　8-918

謂令佐唐叚（假）爲畜官☑　8-919

☑【而】私爲陽里大女子　8-920

☑　言手。　8-921

遷陵主倉發洞庭。　8-922

8-923 綴合至 8-907

粟米五斗。　卅五年七月戊☑　8-924　原注釋：右側刻齒爲「五斗」。

粟米一石六斗二升半升卅一年正月甲寅朔壬午，啓陵鄉守尚、佐最、稟人小出稟大隸妾□、京、窯、茝、并、□人、☑（A）樂窅、韓歐毋正月食，積卅九日，日三升泰半半升。令史氣視平。☑　8-925+8-2195　原注釋：左側刻齒爲「一石六斗二升半升」。

8-926 綴合至 8-839

廿七年，遷陵貳春鄉積戶☑
亡者二人。衛（率）之萬五千三戶而□☑　　8-927

廷。　　8-928

粟米八百五十二石八斗。　其九十石八斗少半□　　8-929

☑　卅年士五（伍）佐卻居☑
☑　卅一年令【史】☑　　8-930

閬中。　　8-931

竹筥二合。　卅四年二月丙申朔癸丑，少內守▨　8-932

8-933 綴合至 8-891

▨□□斗。　卅五年九月丁亥朔庚寅，少▨　8-934　原注釋：左側刻齒爲「二」。

廷金布發。▨　8-935

8-936 綴合至 8-888

8-937 綴合至 8-257

廿八年啓陵鄉守歜、佐【見】。

廿九年鄉守歜、佐緩已死。 8-938+8-1144

數冊會□⧄ 8-939

【傳】舍沅陵獄史治所⧄ 8-940

出粟一石九斗少半斗。 卌五⧄ 8-941

治官有敗非⧄ 8-942

8-943 綴合至 8-784

書廿八年四月庚辰到，壬午起，留二日，諛求⧄ 8-944+8-1646

☒【曹史】□□☒　　8-945

□□□□□☒
□□□□☒　　8-946

遷陵洞庭。　　8-947

☒內。　　8-948

☒人庸作志☒（正）
☒　廿五年☒（背）　　8-949

☑□豬犬雞。 8-950

☑感受司空守茲☑ 8-951

廷戶發。 8-952

少內。 8-953

☑□縣所獻而不 8-954

粟米一斗。 卌四年九□☑ 8-955 原注釋：左側刻齒爲「一斗」。

粟米二斗。 卌三年四月辛☑ 8-956 原注釋：左側刻齒爲「二斗」。

苐苐　8-957

傳⍁　8-958

獄東曹書一封，令印，詣洞庭守府。•九月戊戌，水下二刻，走佁以來⍁　8-959+8-1291

⍁廥粟米八升少半升。⍁

……　8-960

⍁成都安□死⍁　8-961

【卅五年七月戊】子朔癸巳，貳春鄉茲徒薄（簿）。

受倉隸妾一人。•凡一人。羨小畜【封】☐ 8-962+8-1087

☐ □手 8-963

☐ 五萬一千八百卌八人☐ 8-964

☐予吏，當受錢者謁報，報署主錢☐ 8-965

8-966 綴合至 8-877

☐□庭，所取錢六，衛（率）之，各三。•令佐平監。 8-967

倉佐喜死。 8-968

廷金布發。　獄☑　　8-969

臨沅論言事不窮審及　　8-970

倉。　　8-971

8-972 綴合至 8-898

8-973 綴合至 8-686

卅五年六月庚午，南郡叚（假）守☑　　8-974

☐敢告襄城丞主☐　8-975

遷陵・洞庭。　8-976

☐□□季適□領適襌☐

☐□□適取臧之有上☐　8-977+8-1821

守府戶曹發。　8-978

尉☐　8-979

☐稟人忠出貸更戍城父士五（伍）陽糴倗八月、九月☐　8-980

庫佐□□⧄　　8-981

陽弩爲□甬布，今布十丈，□甬二，皆不□⧄　　8-982+8-1124

遷陵洞⧄　　8-983

⧄產子□=子女嬰曰女巳。令史華監。　瘳手。　　8-984

居貲士五（伍）高里惡租。⧄

廿八年六月丙戌，司空長、佐郤符發弩守攀探、遷陵拔前，以爲洞庭⧄　　8-985

遷陵隸臣員不備十五人。　　8-986

充獄史不更寬受嘉平賜信符。 8-987

遷陵獄佐士五（伍）朐忍成都謝，長七尺二寸，年廿八歲，白皙色。舍人令佐冣占。 8-988

千四百卌四。 8-989

廷。 8-990

卅五年七月戊☐

受倉隸☐ 8-991

☐□出錢千一百五十二購隸臣于捕戍卒不從☐

☐ 令史華監☐ 8-992

卅五年六月戊午朔己巳，庫建、佐般出賣祠窨□☐

令史歡監。☐　8-993　原注釋：左側刻齒爲「一」。

十月辛丑，新武陵丞□☐　8-994

☐=　義年☐　8-995

獄東曹☐　8-996

賣曰：不審獻此程令，疑它郡縣　8-997

幏四丈七尺。　卅五年四月己未朔乙酉，少□☐　8-998

⧄擇拾札、見絲上，皆會今旦。急⧄　8-999

⧄【人】忠出貸更戍士五城父中里簡。　8-1000

發當追者⧄　8-1001

卅五年六月戊午朔己巳，庫建、佐般出賣祠窨□□□一朐于隸臣徐，所取錢一。

令史歡監。　般手。　8-1002+8-1091

⧄□少髮【須】⧄　8-1003

夸曰：留十五日，說急告令去。　8-1004

☐【年】九月辛丑，水下三刻，隸臣□以來。　8-1005

到監府事急☐　8-1006

8-1007綴合至8-754

令佐華自言：故爲尉史，養大隸臣豎負華補錢五百，有約券。豎捕戍卒□□事贖耐罪賜，購千
百五十（A）
二。華謁出五百以自償。
卅五年六月戊午朔戊寅，遷陵守丞衜告少內問：如辤（辭），次豎購當出畀華，及告豎令智
（知）之。華手。（A）　8-1008+8-1461正+8-1532
華☐　8-1461背

☐陽。七月癸酉，走申以來　　8-1009

8-1010 綴合至 8-830

8-1011 綴合至 8-167

☐倉。　　8-1012

☐令史最日備，歸☐　　8-1013

☐□出貣居貲士五（伍）巫南就路五月乙亥以盡辛巳七日食。

☐　缺手。　　8-1014

☒重者毆☒　8-1015

□者皆言史（事）已前騰書　8-1016

☒□

☒□

☒□武陵薄（簿）□。（第一欄）

一人病：燕。

一人取菅：宛。（第二欄）　8-1017

☒購釓五百七十六一人。　8-1018

☒□牘，它如☒ 8-1019

☒產手。 8-1020

敢言令敢☒ 8-1021

獻冬瓜。 乾鮐魚。 8-1022

付鄢少內金錢計錢萬六千七百九十七。□ 8-1023

☒【稟】人忠出貸更戍士五城父蒙里□☒

☒令史郤視平。☒ 8-1024

郫士五（伍）小莫郚⧄　8-1025

廷。　8-1026

成里戶人司寇宜。⧄
下妻甾。⧄　8-1027

弩廿六，皆殊折⧄　8-1028

⧄已朔朔日，啓陵鄉守狐出貸適戍□⧄　8-1029

⧄令佐華視平。　8-1030

☐八月丙戌，倉是、史感、稟人堂出稟令史旌☐
☐令史華視平。 8-1031

書遷陵，遷陵論言問之監府致毄（繫）痤臨沅 8-1032

陵毋枲秏二□白布廿四丈。秏□ 8-1033

書告居縣，責受計。 8-1034

庫。 8-1035

庫。 8-1036

〼史感、稾人堂出稾〼

〼令史悍視平。〼　8-1037

傳。　8-1038

8-1039 綴合至 8-222

〼=復，復☐三歲上者服、尉（熨）〼

〼歲者服、尉（熨）七日，俞☐〼　8-1040

卅六年十一月丙戌，都鄉守樺令史牒書吏當受嘉平遷，皆不守金錢。【巴】蜀蜀蜀蜀歡歡

爲沈沈☐☐☐沈邦刻☐☐☐遷陵☐幫城成蜀蜀守今今今今　8-1041+8-1043

·第（第）一·人病少氣者惡聞人聲，不能視而善瞑，善飤（食）不能飤（食），臨食而惡臭。以赤雄雞冠，完（丸）。 8-1042+8-1363

8-1043 綴合至8-1041

洞庭泰☑ 8-1044

或遝遷陵獄□☑ 8-1045

☑稟令史譊四日□☑

☑史尚視平。☑ 8-1046

一人，令、丞各自爲比有粈別及以平賈= 8-1047

☒石一鈞廿五斤十一☒　　8-1048

盜盜盜☒　　8-1049

☒□□受將粟，佐贛。
☒贛手。　　8-1050

二尺六十七☒　　8-1051

☒四百八十・案之當出。（第一欄）
・萬二千四百八十。
・論遷陵。（第二欄）　　8-1052

8-1053 綴合至 8-664

☐令縣擧傳囚斷。 8-1054

卅五年六月戊午朔己巳，庫建、佐般出賣祠窨餘徹脯一朐于□□□，所取錢一。

令史歐監。 般手。 8-1055+8-1579

遷陵以郵行☐ 8-1056

九十八・治令金傷毋癰方：取鼢鼠，乾而☐

石、薪夷、甘草各與鼢☐ 8-1057

傳舍沅陵獄史治☐　　8-1058

☐甲辰，倉茲、稾人☐

☐視平。☐　　8-1059

原注釋：右側刻齒可見者爲一斜道，意爲「半」，上下殘斷。

☐【至】乙亥，凡十一日。☐

☐□劾奏。遷陵守丞銜曰：移□·問當論，論言史（事）☐

☐【銜】敢言之。寫上，謁以臨史。敢言之。歡☐　　8-1060+8-1405

☐士五（伍）一。

☐□居贖士五（伍）一。

☐【士】五（伍）一。　　8-1061

⧄發。　8-1062

⧄月庚戌，倉是、史感、稟人堂出稟庫佐處⧄
⧄令史悍視平。⧄　8-1063

十三萬六⧄　8-1064

私進令史忘季自發。　8-1065

⧄□令史□、德、繞、旌、尙。
⧄感手。　8-1066

⧄□五歲以來見船數見言歲⧄　8-1067

8-1068綴合至8-547

卅二年五月丙子朔庚子，庫武作徒薄：受司空城旦九人、鬼薪一人、舂三人；受倉隸臣二人。

·凡十五人。（A）

其十二人爲萸：獎、慶忌、鬾、鬾、船、何、最、交、頡、徐、娃、聚；

一人紱：竄。

二人捕羽：亥、羅。 8-1069正+8-1434正+8-1520正

卅二年五月丙子朔庚子，庫武敢言之：疏書作徒日薄一牒。敢言之。横手。

五月庚子日中時，佐横以來。圂發。 8-1069背+8-1434背+8-1520背

▨丹子大女子巍（魏）並，並爲人中大女子青黑□▨ 8-1070

書以廿八年七月己酉到庫，即上□☑　8-1071

廷戶曹。　8-1072

☑□下恒署書曰：事不參（正）

☑【謝】手（背）　8-1073

☑竹笥二合。　卌五☑　8-1074

☑□遷行☑　8-1075

解☑　8-1076

⧄月及所譴☐亟言。・今　8-1077

8-1078綴合至8-257

高密。　8-1079

⧄☐☐☐☐酉☐⧄　8-1080

徑廥粟二石。　卅一年十二月甲申，倉妃、史⧄
令史扁視平。⧄　8-1081　原注釋：左側刻齒爲「二石」。

⧄☐以衣徒　8-1082

士五巫南就曰路娶（取）貲錢二千六百☐

卅一年四月丙戌，洞庭縣官受巫☐ 8-1083

☐感手。 8-1084

廷。 8-1085

枲參絇緘袤三丈□☐ 8-1086

8-1087 綴合至 8-962

卅二年八月乙巳□☐

粟米四斗六升泰☐ 8-1088 原注釋：左側刻齒爲「四斗二升」，以下殘斷。

冗佐上造武陵當利敬。　　8-1089

說，說所爲除貲者名吏（事）里、它坐、貲遣　　8-1090

8-1091 綴合至 8-1002

☑發。　　8-1092

☑□它如前書。　　8-1093

☑□出貸吏以卒戍士五（伍）涪陵戲里去死十一月食。

☑尉史□出。狗手。　　8-1094

☑朔丁未，都鄉□☑

【城旦舂五十八人】。

隸妾居貲五十八人。（第一欄）

隸妾積五十八人。☑

凡百七十四人。（第二欄） 8-1095

廷。 8-1096

絲三斤。 卅五年四月己未朔己巳，少☑ 8-1097 原注釋：左側刻齒爲「三斤」。

☑之未能盡入歲☑ 8-1098

役。 8-1099

廷。 8-1100

☐守觚出以稟發弩繹。☐ 8-1101

8-1102 綴合至 8-781

敢言之，守府□☐ 8-1103

金印一。 卅五年五月已丑朔【癸】☐ 8-1104+8-1609

☐戍卒。 8-1105

廷。 8-1106

8-1107 系聯至 8-314

願已坐徒。 同縣▨ 8-1108

▨城父士五（伍）□九月食。 8-1109

廷主薄（簿）▨ 8-1110

▨計卅五年少內 8-1111

【買】爵，丗二年二月戊寅，出⧄　8-1112

8-1113 綴合至 8-914

⧄傳畜官。貳春鄉傳田官，別貳春亭、唐亭。　8-1114+8-1150

粟米八升少半升。　令史逐視平。⧄
丗一年四月辛卯，貳春鄉守氐夫、佐吾出食舂、白粲□等二人，人四升六分升一。⧄　原注
釋：左側刻齒爲「八」。　8-1115+8-1335

遷陵洞庭。　8-1116

⧄取薪廿五石。　8-1117

田缺吏見一人。　8-1118

書三封，令印，二守府、一成紀。•九月庚寅水下七刻，走佁以來。　8-1119

☐□•史已•乙☐　8-1120

啓陵鄉☐　8-1121

☐以私錢卌。　詘手。　8-1122+8-1264

☐今視渠良追薄（簿）。　8-1123

8-1124 綴合至 8-982

☒=審論貲☒　8-1125

廷吏曹。　8-1126

遷陵洞庭。　8-1127+8-2397

☒□尉史如。

☒感手。　8-1128

☒□封薄（簿）留二封☒　8-1129

酉陽金布發。 8-1130

加以戊子食舍，丙申往☐（正）
舍，即下之酉陽，即以辛☐（背） 8-1131

8-1132 系聯至 8-314

8-1133 系聯至 8-314

☐倉是、佐蒲、稟人援出稟☐ 8-1134

☐卅三年三月辛未朔己丑，司空色、佐午出以食□☐
☐令史圂視平。 8-1135 原注釋：左側刻齒爲「三百」，上殘斷。

⧄□百六十一人。·凡千七百八十九人。·員凡四【萬】⧄　8-1136

吏凡百四人，缺卅五人。·今見五十人。　8-1137

以此論除郤還（逮），拔等前論⧄　8-1138

⧄□臾死，過程四⧄　8-1139

⧄毆女□　8-1140

卅三年三月辛未朔丙戌，尉廣敢言之：□⧄

自言：謁徙遷陵陽里，謁告襄城□⧄

何計受？署計年名爲報。署〼　8-1141+8-1477正

三月丙戌旦，守府交以來。履發。〼　8-1477背

廷主戶〼　8-1142

卅年八月貳春鄉作徒薄（簿）。

城旦鬼薪積九十人。

仗城旦積卅人。

舂白粲積六十人。

隸妾積百一十二人。（第一欄）

·凡積二百九十二人。

卅人甄。

六人佐甄。

廿二人負土。

二人裚瓦。（第二欄）　8-1143+8-1631

8-1144 綴合至 **8-938**

塪一石五斗。　8-1145

廿九年九月戊午，貳春□▨

其一學甄：賀。

四人負土：臧、成、駠、骨。　8-1146

貳春鄉

以郵行。　8-1147

☐詘手。 8-1148

遷陵洞庭郡。 8-1149

8-1150 綴合至 8-1114

☐之毋膽卻它 8-1151

卅三年五月庚午朔庚寅☐ 8-1152

卅一年八月辛丑，倉是、史感、稟堂出稟未小隸臣□。令史□視平。感手。 8-1153+8-1342

☐弗與從給其□☐　8-1154

獄東曹書一封，丞印，詣泰守府。廿八年九月己亥水下四刻，隸臣申以來。　8-1155

☐□丁巳倉歜敢☐

☐□□□如以□☐　8-1156

☐□□□□□☐

☐□□□□□□☐（正）

☐……☐（背）　8-1157

廷。　8-1158

粟米二石。 卅五年九月☐

令史☐ 8-1159 原注釋：左側刻齒爲「二石」。

倉。 8-1160

☐【鬼】薪六人☐ 8-1161

卅五年六月戊午朔己巳，庫建、佐般出賣祠窨餘徹食四斗半斗于隸臣徐。所取錢五。

8-1162+8-1289+8-1709 原注釋：左側刻齒爲「五」。

☐□□敢☐（正）

☐□□☐（背） 8-1163

南昌。　8-1164

戶芻錢六十四。　卅五年。☐　8-1165

廷金布發。　8-1166

粟米十三石八斗。　卅五年四月己未朔庚申，倉銜、佐☐
三月、四月食。【令】☐　8-1167　原注釋：左側刻齒爲「十三石七斗」，以下殘斷。

8-1168 綴合至 8-98

☐有綬。　8-1169

☒【竹】筥一合。 卅四年九月癸亥朔甲子，少內守狐付牢人□☒ 8-1170+8-1179+8-2078

☒枝不能歡 8-1171

☒遷陵已以卅四 8-1172

粟米廿石。卅六年十一月丙戌朔壬辰☒ 8-1173+8-1420

☒□【之。寫上，謁告遷陵酉陽□□付遷陵貳】

☒□【酉陽】□□□□□（正）

☒□☒

☒□【陽】守丞□移遷陵□□（背） 8-1174

⍁二萬三千一十。 8-1175

⍁司空。 8-1176

⍁史感、稾人援出稾人大隸妾庛
⍁尙視平。感【手】。 8-1177

少內⍁ 8-1178

8-1179 綴合至 8-1170

租錢百廿⍁ 8-1180

倉。 8-1181

南里小上造□⍁ 8-1182

廷金布⍁ 8-1183

門淺⍁ 8-1184

8-1185 綴合至 8-169

⍁□前⍁ 8-1186

季幸□⍁ 8-1187

竹少笥一合。參約枲緘一☐　8-1188

粟米二石。　丗二年四月丙午□以□☐　8-1189+8-1383　原注釋：左側刻齒爲「二石」。

遷陵☐　8-1190

陽里公士鍇。　百一十六☐　8-1191

☐平。感手。　8-1192

☐□何柏得毋爲□☐

☐□陵不得見何☐

⧄有適□尉主□⧄

⧄皆□□□□□□⧄（正）

⧄□□□⧄

⧄□□□□⧄

⧄□□□【欣】□⧄（背）　8-1193

令史蘇、田官旂。　8-1194+8-1608

船一【椶名曰】□□⧄

卌五【年十】……　8-1195

□□年八月□□□⧄

……

□□□敢言☑ 8-1196

遷陵。 8-1197

☑守起書言：《傳律》曰☑

☑□爲君子=有故不□☑ 8-1198

☑【首】當出義賦者令皆□☑ 8-1199

卅三年當計

券出入笥

具此中。（正）

瀍瀍

瀍（背） 8-1200

倉曹

廿九年

當計出入

券甲笥。（圖案） 8-1201

倉。 8-1202

卅五年☑☑

者牘☑ 8-1203

☑ □☑ 8-1204

粟米卅八石九斗四升泰▨　8-1205　原注釋：左側刻齒爲『三十三石』，以下殘斷。

涪陵新里公士莽。　8-1206

卅三年正月庚午朔己丑，貳鄉守吾作徒薄（簿）：受司空白粲一人，病。　8-1207+8-1255+8-1323

尉。　8-1208

▨□朔日，少內守□□□▨　8-1209

▨□□□□

▨憧赤約一　8-1210

☐般手。 8-1211

☐□□☐ 8-1212

☐【令】□□☐ 8-1213

錢百六十。 卅五年八月丁巳朔戊寅，少內沈出以【稟】□☐ 8-1214

□□□□□□□□□□☐ 8-1215

☐□□□□□□

☐□□□□□□ 8-1216

以問。　8-1217

敢言之□□□□里小男子□□=一【布】謁　8-1218

七月辛巳，上軒守丞敬敢告遷陵丞主寫移令史，可以律令從

【事，移】……（正）

□□□□□□□□……☑（背）　8-1219

8-1220綴合至8-886

·七·病暴心痛灼灼者，治之，析蓂實，治二；枯橿（薑）、菌

桂，治各一。凡三物并和，取三指最（撮）到節二，溫醇酒　8-1221

稟乏食，誠爲高里小男子賜　8-1222

□令乙、丁、戊。
徒隸乙。
令佐適取。　8-1223

·五·一曰啓兩臂陰脉。·治□□方。　8-1224

尉曹書二封，遷陵印，一封詣洞庭泰守府，一封詣洞庭尉府。
九月辛丑水下二刻，走□以來　8-1225

横手。　8-1226

廷。 8-1227

廷主倉發。 8-1228

8-1229 綴合至 8-259

•三•一曰取闌本一斗，□□二□□□□□煮□□□□□孰出之復入飲盡。…… 8-1230

倉吏見三人，其一叚令佐。 8-1231

私詣獄史王柏。 8-1232

☐□朔甲午，少內沈付鄷☐　8-1233+8-1512　原注釋：左側刻齒爲「四」，上下殘斷。

衡山守章言：衡山發弩丞印亡，謂更爲刻印。
命。　8-1234

・數少前歲九人。　8-1235

今見一邑二里：大夫七戶，大夫寡二戶，大夫子三戶，不更五戶，□□四戶，上造十二戶，公
士二戶，從廿六戶。☐（A）　8-1236+8-1791

戹（軶）四兩。簉□三兩。今更爲簿一。　8-1237

☐稾人廉出稾鄉夫七月食。

☒卻手。　8-1238

徑廥粟米三石七斗少半升。　·卅一年十二月甲申，倉妃、史感稟人窯出稟冗作大女韱十月、十一月、十二月食。（A）

令史犴視平。感手。　8-1239+8-1334　原注釋：左側刻齒爲「三石七斗」。

8-1240 綴合至 8-843

粟米一石四斗半斗。卅一年正月甲寅壬午，啓陵鄉守尚、佐最、稟【人】☒

令史氣視平。☒　8-1241　原注釋：左側刻齒爲「一石」，齒痕所示數量與簡文不符。

鼠劵束。（正）

敢言司空☒（背）　8-1242

內。病已如故。治病毋時（時）。壹治藥，足治病。藥已治，裹以繒
臧（藏）。治林（術），暴（曝）若有所燥，治。 8-1243

遷陵洞庭。 8-1244

庸粟禾一日▨ 8-1245

廿九年正月甲辰遷陵丞昌訊▨
書。▨（正）
·鞫□悍上禾稼租志誤少五【穀】□▨（背） 8-1246

▨隸臣瘳。

☑感手。　8-1247

甲三百廿九。　8-1248

廷主
戶發。　8-1249

六月癸酉夷陵。☑　8-1250

☑等得。　8-1251

守及士吏，士吏各自將其求盜詣廷，會庚午旦，唯毋失期。　8-1252+8-1265

遷陵洞庭。 8-1253

☐【陵】鄉嗇夫除成里小男子。 8-1254

8-1255 綴合至 8-1207

☐子嬰傷小男子竘令 8-1256

徑廥粟米一石二斗半斗。卅一年□□月乙酉☐
令☐ 8-1257 原注釋：左側刻齒爲「一石二斗半斗」。

☐【恒】會九月朔日守府。·問之 8-1258

一人稾人：廉。

一人求翰羽：強。

二人病：賀、滑。

一人徒養：央芻。（正）

☒帶手。（背）　8-1259

☒廿八鏃。·丗五年四月己未□☒

☒百七十三鏃。·凡□鏃四百□☒　8-1260

……

☒□□□□□……☒　8-1261

☒□粼卒尉卒　8-1262

錢二千七百。卅三年八月己亥朔丙寅，僞☑ 8-1263 原注釋：右側刻齒爲「七百三十」，
刻齒上部殘斷，尾數「三十」與簡文不合。

8-1264 移至 8-1122

8-1265 綴合至 8-1252

令史扁視平。
走妃留。 富手。 8-1266

□□【年】六月庚子朔朔日☑
畜官當坐，時丞有、令佐圂主□☑ 8-1267

粟米三斗。　卅五年七月戊子朔乙巳，倉守言、【佐】□□▨　8-1268　原注釋：左側刻齒爲「三斗」。

廿八年七月己酉，遷陵▨
曹貲各□甲，與此相□▨　8-1269

內史軍事盡□▨　8-1270

▨□就告曰：置錢▨　8-1271

作務入錢。　8-1272

卅五年都。　8-1273

【廷】金▨　8-1274

史冗公士旬陽隠陵竭。　8-1275

▨□二人，人四升六分升一。　8-1276

均佐上造郁郅往春曰田□▨　8-1277

卅一年四月癸未朔癸卯，啓陵鄉守逐作徒薄。
受倉大隸妾三人。（第一欄）
受司空仗城旦一人。

凡四人（第二欄）

其一人□☒

一人【行】☒（第三欄）　8-1278+8-1757

【卅】年八月丙戌朔癸卯□☒

城旦、鬼薪三人。☒

仗城旦一人。☒

舂、白粲二人。☒

隸妾三人。☒　8-1279

廿八年九月丙寅，貳春鄉守畸徒薄（簿）。

積卌九人。

十三人病。

廿六人徹城。　8-1280

☒帶手。　8-1281

遷陵守丞建【獄】☒　8-1282

廷。　8-1283

☒面相頯劾，毋同產☒　8-1284

敢告司空主□十二月☒　8-1285

☒令史犴視平。

☐【忍】樂陵宜。 感手。 8-1286

卅一年十月乙酉朔朔日，貳春鄉守☐
大奴一人直（值）錢四千三百。☐
小奴一人直（值）錢二千五百。☐
·凡直（值）錢六千八百。☐ 8-1287

廷倉曹。 8-1288

8-1289綴合至8-1162

以溫酒一桮（杯）和，歓之，到莫（暮）有（又）先食歓（飲），如前數。恒⿰氵𠬝（服）藥廿
日，雖久病必已。（A）

服藥時禁毋食彘肉。　8-1290+8-1397

8-1291 綴合至 8-959

廷戶發。　8-1292

卅五年三月庚寅朔丁酉，貳春鄉茲敢言之：佐詘自言：士五居泥陽，

益固里，故廢戍，署女（汝）陰。令【毋】☑

四歲。謁告沂陽令□□☑

前書畏其不☑　8-1293 正+8-1459 正+8-1466 正

四月壬戌日入，戍卒寄以來。【瞫】發。　詘手。　8-1293 背+8-1459 背+8-1466 背

廷主倉發。　8-1294

酉陽覆獄治所。 8-1295

☑【與】從給事三日。 8-1296

廷金布發。 8-1297

☑辤（辭）曰：誠與倉銜、佐歡、華雜訊旁，辤（辭）曰：士五（伍）☑ 8-1298+8-1354

☑□者毋有。辤（辭）曰：敦長、車徒 8-1299

☑□視平。

☑富手。 8-1300

☐譊。　8-1301

☐敢言之。卌五年歲☐（正）
☐租租（背）　8-1302

☐敢□☐　8-1303

少內守謝、士五（伍）朐忍成都歸休在家。　8-1304+8-1469正
繭☐　8-1469背

廷主吏發。　8-1305

冗佐上造旬陽平陽操。　8-1306

□三千三百九十五。卅三年☑　8-1307　原注釋：右側刻齒爲「三千三百九十二」，以下殘斷。

書到，謹以庠除覆　8-1308

郫　8-1309

☑【留】，尚有不智（知）　8-1310

☑可有請尉府。☑　8-1311

以彊（強）辤（辭）召☐　8-1312

廷金布發。　8-1313

已。☐　8-1314

倉。　8-1315

王相☐　8-1316

令佐卻發。　8-1317

廷以郵

行戶曹。　　8-1318

☐□莫智（知），它如前。　　8-1319

☐齊受☐　　8-1320

徑廥粟米二□……朔朔日，田官守敬、佐壬、稟人娙出稟居貲士五江陵東就娄☐
☐史逐視平。　壬手。　8-1321+8-1324+8-1328　原注釋：左側刻齒爲「二」。

☐不識日誠嘗取寄爲庸☐　　8-1322+8-1849+8-1882

8-1323 綴合至 8-1207

8-1324 綴合至 8-1321

⍁庭郡。　8-1325

廷。　8-1326

8-1327 綴合至 8-787

8-1328 綴合至 8-1321

⍁已病不盈三

⍁食後食次（恣）。　8-1329

遷陵。　8-1330

廷。　8-1331

粟米千五百九十四石四斗▨　8-1332　原注釋：右側刻齒爲「千六百」，簡文與刻齒表明的數量略有不符。

入□□□者▨　8-1333

8-1334 綴合至 8-1239

8-1335 綴合至 8-1115

稻七石五斗。　卅一年七月辛卯朔壬子，倉是、史▨

令史尚視平。▨　　8-1336　　原注釋：左側刻齒爲「七石」，與簡文所記數量不符。

8-1337 綴合至 8-372

莫當坐，它如前。▨　　8-1338

8-1339 綴合至 8-225

▨鄉守吾作徒薄（簿）。受司空白粲一人，病▨　　8-1340

少內守是。▨　　8-1341

8-1342 綴合至 8-1153

8-1343 綴合至 8-904

☐□。 問器□鞫審。•二月☐

☐已□☐（正）

☐□☐（背） 8-1344

稻一石一斗八升。 卅一年五月乙卯，倉是、史感、稟人援出稟遷陵丞昌。•四月、五月食。

原注釋：左側刻齒爲「一石一斗四升」，以下殘斷。

令史尚視平。 感手。 8-1345+8-2245

☐□、蒲席各一。平自席□券。

☐沈手。　8-1346

此中會令□　8-1347

廷。　8-1348

☐諯　已傳洞庭。署遷陵。

今徙新武

陵衣已傳☐　8-1349　原注釋：「遷陵」之後以墨線分隔。

重請送載它船。虒即【令】☐　8-1350

☐□訊：事未已，雒　8-1351

☐朔壬戌，少內沈受司空佐友。 8-1352 原注釋：左側刻齒爲「四百八十二」，以上殘斷。

【繭十。 卅四年七月甲子朔己巳，少內】□□□□□□☐

自受券。☐ 8-1353 原注釋：左側刻齒爲「十」。

8-1354 綴合至 8-1298

☐發。 8-1355

☐□毆，課過程，士五（伍）陽里靜以當襦絝（褲）。 8-1356

☐□，它毋當令者，令令佐□ 8-1357

……□僕。 ⧄ 8-1358

都鄉。 8-1359

8-1360 綴合至 8-448

……需米百卌六。 瘳手。 8-1361

倉。 8-1362

8-1363 綴合至 8-1042

尉史士五（伍）郫小莫郚般，毋它坐。 8-1364

史丙失弗論。 8-1365

廷主倉發。 8-1366

☑廷。 8-1367

廷。 8-1368

病煩心，穿地深二尺，方尺半，□水三四斗，濆（沸），注□

水□中視其□□，□一參 8-1369+8-1937

☒粲二人，凡七人。　8-1370

遷陵。　8-1371

☒已以廿四年八月甲辰　8-1372

鐔成。　8-1373

☒取粟一斗，米粟。它如前☒　8-1374

☒感手。　8-1375

因以左足□踵其心，□子十踵，女子七踵。

嘗試。勿禁。　8-1376+8-1959

☐十四，捕未來。　8-1377

☐食。　8-1378

上人奴笞者，會七月廷。　8-1379

年　嗅吳☐（正）

□年☐（背）　8-1380

☐□及黔首居貲贖責（債），司☐　8-1381

遷陵　洞庭。　8-1382

8-1383 綴合至 8-1189

廷。　8-1384

☐室田作　8-1385

☐闌諜扇。　8-1386

☐蜀中內史☐　8-1387

五□☐　8-1388

☒□□□□□首□□□☒ 8-1389

☒已會復□☒ 8-1390

☒坐奸以論者。 8-1391

8-1392綴合至8-1290

卅五年六月戊〈戊〉午朔☒ 8-1393

☒【死】，槥未到家。 8-1394

廷主戶發。 8-1395

☒□手。 8-1396

8-1397綴合至8-1290

☒□□子少內沈、佐瘳效☒ 8-1398

☒□

☒沈手。 8-1399

☒一百一十四☒ 8-1400

卅四年七月甲子朔甲戌，牢人更戍士五（伍）城☐ 8-1401

廷。 8-1402

☐書。☐ 8-1403

洞庭泰守【府】。 8-1404

8-1405綴合至8-1060

☐空守敬、佐郤、稟人☐

☐令史逐視平。☐ 8-1406

上水瀆〼　8-1407

〼□□□□〼　8-1408

〼人　8-1409

高里公士印。　卌五年產女□〼　8-1410

8-1411 綴合至 8-111

〼上□……　8-1412

（圖案）　8-1413

⍁□事。敢告主□⍁　8-1414

8-1415 綴合至 8-412

8-1416 綴合至 8-268

⍁□=□爲　8-1417

8-1418 系聯至 8-314

⍁□發□□□⍁　8-1419

8-1420 綴合至 8-1173

⍁壬手。　8-1421

8-1422 綴合至 8-907

⍁遝遷陵吏巧詐以□⍁　8-1423

⍁□□□□□□⍁

⍁□□⍁　8-1424

六月都鄉不上乙丑作徒【薄（簿）】□⍁

卅五年六月戊【午朔癸未，令】□⍁

【六月戊午朔癸】☒　8-1425

☒傳舍沅陵　獄☒
☒□□☒　8-1426

☒廿八　8-1427

廿八年十月
司空曹
徒薄（簿）已盡。　8-1428

卌一□□□□□□□□□日灌會□□一封尉監□□□一□□□□□……（正）
百（背）　8-1429

⧄稟田官公與倉私之
令見丞公，公曰：若而不　8-1430

⧄令曰□
⧄毋當（正）
⧄□□□
⧄□手（背）　8-1431

⧄□以郵行。十月丙子食時過□□
⧄□臨沅□□一月甲□夕過□□郵。（正）
⧄　十一月丙申旦過都郵。
⧄　十一月癸卯旦過酉陽□郵。（背）　8-1432

斤　所　所所（正）
沂所斤所所斤己（背）　8-1433

8-1434綴合至8-1069

⧄佐吏使長丞（正）
⧄佗佗佗人敉敉刹釗（背）　8-1435

⧄敢言之。令
⧄毋當令者。（正）
⧄饒手。（背）　8-1436

廿六年十月枳枳□枳枳如如丞□□昌壄

枳枳里野枳野里它言言食□鄉鄉武昌

廿年□當

枳枳□□□□□□□□□□□□□令□□（正）

昌里大男昌武武武止武武武武武規規買

昌武武出五買

昌昌武鄉貉何故有何有有有有□有買

昌里大男子　貉閭谿有有□有　買（背）　8-1437

及令丞令吏主遣者名吏（事）縣、它坐。

令貲遣。（正）

獻泰　遷陵守丞陵□爲爲

爲爲爲（背）　8-1438

☐未朔丙戌，遷陵守丞有☐（正）
☐手。三月壬辰日中時，守☐（背） 8-1439

☐及藥，具薄（簿）求之之狀（正）
☐下司空。（背） 8-1440

遝遷陵獄史☐（正）
繇繇徵（背） 8-1441

☐及及
☐事從事從事從事及庚若若
☐從 及（正）

□事從事欲欲欲渫傑
□追從從（背）　8-1442

卅二年六月乙巳朔壬申，都鄉守武爰書：高里士五武自言以大奴幸、甘多，大婢言、言子益
等，牝馬一匹予子小男子産。　典私占。　初手。　8-1443正+8-1455正
六月壬申，都鄉守武敢言：上。敢言之。初手。
六月壬申日，佐初以來。欣發。　初手。　8-1443背+8-1455背

江陵慎里大女子可思（正）
孱陵江陵孱陵江陵（背）　8-1444

卅二年，啓陵鄉守夫當坐。上造，居梓潼武昌。今徙（正）
爲臨沅司空嗇夫。時毋吏。（背）　8-1445

□□金予爲□洞發□發（正）
繆糸糸繆意有一音意意意四皐陽陽（背） 8-1446

☑它坐，它如奏。（正）
☑義手。（背） 8-1447

或遝遷陵獄史（正）
酉陽 酉陽 酉陽（背） 8-1448

卅四年後九月壬戍〈辰〉朔辛酉，遷陵守丞茲敢
言之：遷陵道里毋蠻更者。敢言之。 8-1449正+8-1484正
十月己卯旦，令佐平行。 平手。 8-1449背+8-1484背

冗佐八歲上造陽陵西就曰駋，廿五年二月辛巳初視事上衍。
病署所二日。·凡盡九月不視事二日，·定視事二百一十一日。（正）
廿九年後九月辛未
行計，即有論上衍。卅年
□不視事，未來。（背）　8-1450

□南門□以爲學書□
廷
戶發。（正）
某敢大心多（背）　8-1451

【廿六】年十二月癸丑朔己卯，倉守敬敢言之：出西廥稻五十

□石六斗少半斗輸；粢粟二石以稟乘城卒夷陵士五（伍）陽□

□五□。今上出中辨券廿九。敢言之。 □手。（正）

□申水十一刻刻下三，令走屈行。 操手。（背） 8-1452

〼敢辤（辭）。（正）

〼就手。（背） 8-1453

〼都鄉梜不以五月斂之，不應律。都鄉守芇謝曰：鄉徵斂之，黔首未肎（肯）入

〼□史。

〼之：寫上，敢言之。華手。 8-1454正+8-1629

〼華手。 8-1454背

8-1455綴合至8-1443

☐□【貳春鄉】□□□□□【貳春鄉】☐

☐□寇將詣貳春鄉，如前書。敢☐（正）

☐守丞茲下司空，以律令【從】☐

……（背）　8-1456

卅五年正月庚寅朔甲寅，遷陵少內壬付內官☐　8-1457正+8-1458正

翰羽二當一者百五十八鍭，

三當一者三百八十六鍭，（第一欄）

·五當一者四百七十九鍭，

·六當一者三百卅六鍭，（第二欄）

·八當一者【五】☐

·十五當一者☐（第三欄）　8-1457背+8-1458背

8-1459 綴合至 8-1293

⍁作七月八月丁巳朔甲子，臨沅（正）

……卌卌五年八月丁巳……⍁（背）　8-1460

8-1461 綴合至 8-1008

8-1462 綴合至 8-650

廿八年九月庚子，令史華爰⍁

往采，至今不來，求弗得，恐爲⍁（正）

·庚子，史華移倉曹□⍁

九月甲辰，遷陵守丞胡敢⊠

走。朝手。九月庚子水下⊠（背） 8-1463

遷陵以郵行洞庭。（正）

⊠□不□（背） 8-1464

⊠陵酉陽（正）

⊠書到，書到（背） 8-1465

8-1466 綴合至 8-1293

獄東書一封，丞印，詣競（竟）陵。卅五年⊠（正）

人饋以來。（背） 8-1467

倉　□⧅（正）

八月戊午日入，適⧅（背）　8-1468

8-1469綴合至8-1304

欲令寍華治獄，可不可？報圂□⧅（正）

公⧅（背）　8-1470

酉陽　8-1471正+8-1480正

酉酉自自自□□　8-1471背+8-1480背

⧅□武陵疷。（第一欄）

一人取菅：乙。⧅（背）

一人與令史上上計□□（第二欄）（正）

⧅□敢言之。（背）　8-1472

⧅□□□⧅（正）

⧅□□□□□⧅（背）　8-1473

8-1474綴合至8-728

8-1475綴合至8-164

【歲】時之食毆，願□⧅（正）

□□□□⧅（背）　8-1476

8-1477 綴合至 8-1141

趙柏（正）

肖（背）　8-1478

廷（正）

都鄉（背）　8-1479

8-1480 綴合至 8-1471

……

☒·洞庭守府。（正）

☒□酉季一石。（背）　8-1481

卅四年五月乙丑朔☒

□卒□□□☒

□□……告（正）

五月庚午旦，□自受☒（背）　8-1482

☒一見芻稾數言（正）

☒詘手（背）　8-1483

8-1484 綴合至 8-1449

廷☒（正）

毆閒閒絲係孫孫□（背） 8-1485

急朔朔急急急朔……【朔】急 8-1486正+8-1487正

急急急……急急 8-1486背+8-1487背

・廷吏曹發。 8-1488正+8-2017正

倉公士臣□ 8-1488背+8-2017背

廷戶曹（正）

尉（背） 8-1489

廿八年六月己巳朔甲午，倉武敢言之：令史敞、彼死共走興。今彼死次

不當得走，令史畸當得未有走。今令畸襲彼死處，與敞共

走。倉已定籍。敢言之。　8-1490正+8-1518正

六月乙未，水下六刻，佐尚以來。朝半。　□尚手。　8-1490背+8-1518背

☑□□☑（正）

☑□☑（背）　8-1491

☑言之廷曰遣佐（正）

☑詘手。（背）　8-1492

☑□適□☑（正）

……（背）　8-1493

一牘書，圂以智（知）□子居益陽者（正）

卅五年三月。（背） 8-1494

☐【寒盡死。今其後者少（小），未可別雄雌。至】五月【有往來者】□☐

……（正）

☐□□敢言之

☐□□□□曾□可智□□□□□□□□□□☐（背） 8-1495

辤（辭）曰：偃署毋龍亭，往☐（正）

☐□令吏（背） 8-1496

☐【遷】陵洞庭（正）

☐尉 中狗。（背） 8-1497

廷主倉。（正）

倉。（背）　8-1498

⧄紅薄繕益（正）

⧄租質質質（背）　8-1499

若上（正）

其（背）　8-1500

□□□□□□□□□□□□□□□⧄　8-1501

廿七年三月甲戌⧄

□□瘢綸略□□⧄　8-1502

廷。 1503

8-1504 綴合至 8-863

☒貣更戍☒ 8-1505

☒責六千七百廿。 8-1506 原注釋：左側刻齒爲「四萬」。

☒□視下。☒

☒各四升六分升□☒ 8-1507

☒丁卯，少內守狐□☒ 8-1508

☐□□令遷陵☐　8-1509

廿七年三月丙午朔己酉，庫後敢言之：兵當輸內史，在貳春□□□□五石一鈞七斤度，用船六丈以上者四樓（艘）。謁令司空遣吏、船徒取。敢言之。☐（正）

三月辛亥，遷陵守丞敦狐告司空，主以律令從事。☐昭行。

三月己酉水下下九，佐赾以來。釦半。（背）　8-1510

廿九年九月壬辰朔辛亥，遷陵丞昌敢言之：令令史感上水火敗亡者課一牒。有不定者，謁令感定。敢言之。（正）

已

九月辛亥水下九刻，感行。　感手。（背）　8-1511

8-1512 綴合至 8-1233

8-1513 綴合至 8-825

廿九年四月甲子朔辛巳，庫守悍敢言之：御史令曰各：苐（第）官徒丁【粼】▨
劇者爲甲，次爲乙，次爲丙，各以其事劇易次之。・令曰各以□▨
上。・今牒書當令者三牒，署苐（第）上。敢言之。▨（正）
四月壬午水下二刻，佐圂以來。槐半。（背）　8-1514

卌年十月辛卯朔乙未，貳春鄉守綽敢告司空主：主
令鬼薪軫、小城旦乾人爲貳春鄉捕鳥及羽。羽皆已

備，今已以甲午屬司空佐田，可定薄（簿）。敢告主。（正）
十月辛丑旦，隸臣良朱以來。死半。　邛手。（背）　8-1515
廿六年十二月癸丑朔庚申，遷陵守祿敢言之：沮守瘳言：課廿四年畜
息子得錢殿。沮守周主。爲新地吏，令縣論言史（事）。·問之，周不在
遷陵。敢言之。
·以荊山道丞印行。（正）
丙寅水下三刻，啓陵乘城卒秭歸□里士五（伍）順行旁。
壬手。（背）　8-1516
卅五年三月庚寅朔辛亥，倉銜敢言之：疏書吏、徒上事尉府
者牘北（背），食皆盡三月，遷陵田能自食。謁告過所縣，以縣鄉次續
食如律。雨留不能投宿齎。當騰騰。來復傳。敢言之。（正）

令佐溫。
更戍士五（伍）城父陽翟執。
更戍士五（伍）城父西中痤。
臂手。（背）　8-1517

8-1518 綴合至 8-1490

遷陵卅五年貇（墾）田輿五十二頃九十五畝，稅田四頃□□
戶百五十二，租六百七十七石。衛（率）之，畝一石五；
戶嬰四石四斗五升，奇不衛（率）六斗。（正）
啓田九頃十畝，租九十七石六斗。
都田十七頃五十一畝，租二百卌一石。
貳田廿六頃卅四畝，租三百卅九石三。

凡田七十頃卌二畝。•租凡九百一十。

六百七十七石。（背）　8-1519

8-1520 綴合至 8-1069

8-1521 綴合至 8-196

☐如加即□☐

☐銜獄【佐】☐（正）

☐獄佐□☐（背）　8-1522

七月甲子朔庚寅，洞庭守繹追遷陵亟言。歇

手。•以沅陽印行事。八月癸巳朔癸卯，洞庭叚（假）（正）

守繹追遷陵亟，日夜上勿留。卯手。•以沅陽
印行事。九月乙丑旦，郵人曼以來。翥發。（背） 8-1523

廿九年十二月丙寅朔己卯，司空色敢言之：廷令隸臣□行
書十六封，曰傳言。今已傳者，敢言之。（正）
己卯水下六刻，隸妾畜以來。綽半。 郤手。（背） 8-1524

卅四年七月甲子朔癸酉，啓陵鄉守意敢言之：廷下倉守慶書
言令佐贛載粟啓陵鄉。今已載粟六十二石，爲付券一上。
謁令倉守。敢言之。•七月甲子朔乙亥，遷陵守丞配告倉
主：下券，以律令從事。壬手。七月乙亥旦，守府印行。（正）
七月乙亥旦，□□以來。壬發。 恬手。（背） 8-1525

□□□
□□
毋（正）
鬃（背）　8-1526

卅四年八月癸巳朔丙申，貳春鄉守平敢言之：
貳春鄉樹枝（枳）枸卅四年不實。敢言之。（正）
平手。（背）　8-1527

8-1528綴合至8-725

進書令史毛季從者。（正）
見徼十五人。（背）　8-1529

發☑（正）

☑□□□☑（背）　8-1530

☑□宛。

☑□□追。

☑□□□。（第一欄）

八人轂（繫）舂。

二人織：歐、婁。

四人級：不耆、宜、欸、它人。

二人與上功吏：皆、狼。

二人求菌：受、款。（第二欄）（正）

☑□上敢言之。□手。（背）　8-1531

8-1532綴合至8-1008

戶曹書四封，遷陵印，一咸陽、一高陵、一陰密、一競陵。

廿七年五月戊辰水下五刻，走荼以來。 8-1533

☑合。 卅五年二月庚申【朔】☑ 8-1534

☑敦中（第一欄）

【稅田】□□□☑

租二斗。☑（第二欄） 8-1535

笥甲 8-1536

卅三年七月己巳朔甲戌，都鄉守壬爰書：高里士五（伍）武自□▨
典綰□▨　8-1537　原注釋：左側刻齒爲「五千六百」，以下殘斷。

二月丙申朔乙丑，遷陵守丞𨛍告□▨
以律令從事，傳書。忠▨
丑日入，隸妾孫行▨　8-1538

卅五年九月丁亥朔乙卯，貳春鄉守辨敢言
之：上不更以下䌛（繇）計二牒。敢言之。　8-1539

粟米五斗。　卅一年五月癸酉，倉是、史感、稟人堂出稟隸妾嬰兒揄。
令史尚視平。　感手。　8-1540　原注釋：左側刻齒爲「五」。

遷陵☐　　8-1541

十一月乙卯，隸臣□三（四）人。
十二月丁卯、庚午，□里惡夫三。　成里市一。　隸臣臣三（四）。戍卒得一。許大得七。
8-1542+8-1781

廷。　　8-1543

【粟米】十二石二斗少半斗。丗五年八月丁巳朔辛酉，倉守擇付司空守俱□。　　8-1544
原注釋：左側刻齒爲「十二石二斗少半斗」。
丙廥粟米二石。　令史扁視平。

卅一年十月乙酉，倉守妃、佐富、稟人援出稟屯戍士五（伍）孱陵咸陰敝臣。富手。 8-1545

原注釋：左側刻齒爲「二石」。

南里小女子苗，卅五年徙爲陽里戶人大女子嬰隸。 8-1546

8-1547 綴合至 8-793

貳春鄉主髤發。 8-1548

錢十七。卅四年八月癸巳朔丙申，倉□、佐卻出買白翰羽九□長□□□之□十七分，□□陽

里小女子胡傷（A）

□。 令佐敬監□□□□。圂手。 8-1549 原注釋：左側刻齒爲「十七」。

稻三石泰半斗。丗一年七月辛亥朔己卯，啓陵鄉守帶、佐最、稟人小出稟佐蒲、就七月各廿三日食。（A）

令史氣視平。　最。　8-1550　原注釋：左側刻齒爲「三石泰半斗」。

粟米二斗。廿七年十二月丁酉，倉武、佐辰、稟人陵出以稟小隸臣益

令史戎夫監。　8-1551　原注釋：左側刻齒爲「二斗」。

敢告尉：以書到時，盡將求盜、戍卒喿（操）衣、器詣廷，唯毋遺。　8-1552

遷陵以郵行洞庭。　8-1553

丗五年七月戊子朔己酉，都鄉守沈爰書：高里士五廣自言：謁以大奴良、完，小奴壽、饒，大婢闌、愿、多、□，（A）

禾稼、衣器、錢六萬，盡以予子大女子陽里胡，凡十一物，同券齒。

典弘占。（正）

七月戊子朔己酉，都鄉守沈敢言之：上。敢言之。□手。

【七】月己酉日入，沈以來。□□。　沈手。（背）　8-1554　原注釋：左側刻齒爲「六萬」。

冗佐上造臨漢都里曰援，庫佐冗佐。

爲無陽衆陽鄉佐三日十二日，

凡爲官佐三月十二日。（第一欄）

年卌七歲。

族王氏。

爲縣買工用，端月行。（第二欄）（正）

庫六人。（背）　8-1555

史象已訊獄束十六，已具☐（正）

☐　犛（背）　8-1556

粟米一石二斗六分升四。　令史逐視平。

丗一年四月戊子，貳春鄉守氏夫、佐吾、稟人藍稟隸妾廉。　8-1557　原注釋：左側刻齒

爲「一石二斗六分升」。

☐□溫與養隸臣獲偕之蓬傳，及告畜官遣之書季有□（正）

☐急封此。（背）　8-1558

丗一年五月壬子朔辛巳，將捕爰，叚（假）倉茲敢

言之：上五月作徒薄及最丗牒。敢言

之。（正）

五月辛巳旦，佐居以來。氣發。　居手。（背）　8-1559

卅一年後九月庚辰朔辛巳，遷陵丞昌謂倉嗇夫：令史言
以辛巳視事，以律令假養，襲令史朝走啓。
定其符。它如律令。（正）
後九月辛巳旦，守府快行。　言手。（背）　8-1560

□□□……☐

之。後九月壬辰朔甲午，遷陵守【丞】☐（正）
履手。（背）　8-1561

廿八年七月戊戌朔乙巳，啓陵鄉趙敢言之：令令啓陵捕獻鳥，得明渠
雌一。以鳥及書屬尉史文，令輸。文不肯受，即發鳥送書。削去

其名，以予小史適。適弗敢受。即詈適。已有（又）道船中出操栮〈楫〉以走趙，奊訽
詈趙。謁上獄治，當論論。敢言之。令史上見其詈趙。（正）
七月乙卯，啓陵鄉趙敢言之：恐前書不到，寫上。敢言之。貝手。
七月己未水下八刻，□□以來。敬半。　貝手。（背）　8-1562

廿八年七月戊戌朔癸卯，尉守竊敢之：洞庭尉遣巫居貸公卒
安成徐署遷陵。今徐以壬寅事，謁令倉貣食，移尉以展約日。敢言之。
七月癸卯，遷陵守丞膻之告倉主，以律令從事。逐手。即徐□入□。（正）
癸卯，朐忍宜利錡以來。敞半。　齮手。（背）　8-1563

應令及書所問且弗應，弗應而云當坐之狀何如？
其謹桉（案）致，更上，奏史展薄（簿）留日，毋騰卻它　8-1564

卅五年八月丁巳朔，貳春鄉茲敢言之：受酉陽盈夷
鄉戶隸計大女子一人，今上其校一牒，謁以從事。敢
言之。（正）
如意手。（背） 8-1565

卅年六月丁亥朔甲辰，田官守敬敢言之：疏書日食牘北（背）上。
敢言之。（正）
城旦、鬼薪十八人。
小城旦十人。
舂廿二人。（第一欄）
小舂三人。
隸妾居貲三人。
戊申水下五刻，佐壬以來。尚半。 逐手。（第二欄）（背） 8-1566

弗與從給其事一日，□取□□□　8-1567

☑□洞庭。　8-1568

訊德辤（辭）曰：昌有它罪，爲　8-1569

坐一斗酒□面。節（即）弗平，幸告使者。　8-1570

廷。　8-1571

8-1572綴合至8-811

遷陵洞庭。　8-1573

徑廥粟米一石八斗泰半。　卅一年七月辛亥朔癸酉，田官守敬、佐壬、稟人咨出稟屯戍簪褭襄

完里黑、士五（伍）朐忍松塗增（A）

六月食，各九斗少半。　令史逐視平。　敦長簪褭襄壞（褱）德中里悍出。　壬手。　8-1574+8-1787

從史□志小女子當定廷及凡　8-1575

卅一年三月癸酉，貳春鄉守氐夫、佐壬出粟米八升食舂央芻等二☐

令使扁視平。☐　8-1576　原注釋：左側刻齒爲「八升」。

鞮督卅九。　8-1577

雋。　　8-1578

8-1579 綴合至 8-1055

☒年正月戊午，倉守武、史感、稟人援出稟使小隸臣壽。
令史犴視平。　感手。　　8-1580

☐……☐☐☐☐訊事未　　8-1581

廷。　　8-1582

8-1583 綴合至 8-890

☐【史】感、稟人援出稟隸妾忍、要、欬娍、類譊、小女、窗、歐。

☐令史尙視平。　感手。　8-1584

得□里士五（伍）難，繇（繇）戍□一歲，謁令　8-1585

☐貲責

☐大男子五人。（第一欄）

一人與吏上事泰守府。

一人𤸎。

二人□庫。（第二欄）

……　8-1586

卅五年十二月辛酉，遷陵守（右側）

卅五年十二月辛酉。（左側）　8-1587　原注釋：正背均無字，書于兩側。

8-1588 綴合至 8-746

乙大夫盡得犬☐　8-1589

丙廥粟米一石二斗半斗。卅一年十二月庚寅，啓陵鄉守增、佐壼、稟人小出稟大隸妾徒十二月
食。（A）
☐令史逐視平。　壼手。　8-1590+8-1839　原注釋：左側刻齒爲「一石二斗半斗」。

尉。　8-1591

卅二年十二月恒☐　8-1592

少內缺吏見二人。 8-1593

遷陵洞庭。 8-1594

粟米一石五斗。
卅一年三月癸丑，貳春鄉守氐夫▨ 8-1595 原注釋：左側刻齒▨「一石五斗」。

廷。 8-1596

洞庭。 8-1597

▨庭 8-1598

☒□卌八。

☒□千八百一十六。

☒□百六十八錢。　8-1599

8-1600 綴合至 8-297

令禁弗得爲而請☒　8-1601

☒□如令　8-1602

不與□☒　8-1603

8-1604 綴合至 8-834

☐去徒食，弗與從，給其事二日。它如告。 8-1605

廷主吏☐ 8-1606

廷主戶發（正）

☐□【信】（背） 8-1607

8-1608 綴合至 8-1194

8-1609 綴合至 8-1104

田佐囚吾死。　8-1610

□□敢言之。　8-1611

令莊定，敢言之。　8-1612

□五年年八月丁巳年一年年年年年年年☐　8-1613+8-1708

☐發。　8-1614

☐……之入□。五【萬】

☐□□□□千三百八十三日，繇（繇）二日，員三萬☐

☐凡五萬六千六百八十四日☐　8-1615

尉曹書一封詣洞庭主司空。□☑ 8-1616

8-1617 綴合至 8-869

☑□沅陵輸遷陵粟二千石書。 8-1618

爲肥如尉☑ 8-1619

應藥燔末，艾盡，【更】☑
韰（䪥），日壹更，尉（熨）熱□☑ 8-1620
☑【等】四人，積各廿九日，日半斗。

⧄富手。　8-1621

⧄田大事毆，不務田而爲它事，亟論當田不□⧄　8-1622+8-1699

南里戶人大夫寡茆。
□□【公士】□⧄　8-1623

充獄失守府毌計籍⧄（正）
卌八　卌五年。（背）　8-1624

遷陵。　8-1625

休署書一封，沅陽印，詣□⧄　8-1626

☒三石　8-1627

廷主

倉發。（正）

【行】　邛手。（背）　8-1628

8-1629 綴合至 8-1454

尉。　8-1630

8-1631 綴合至 8-1143

8-1632 綴合至 8-212

赩□□□□⧄　8-1633

少內。　8-1634

粟米三石。　卅四年八月癸巳朔乙巳，司空守茲⧄　8-1635

二人治徒園。　8-1636

遷陵洞庭。　8-1637

遷陵發丞前。　8-1638+8-1670

以決事解何殹☒　8-1639

莊☒　8-1640

8-1641 綴合至 8-681

☒□史漱。

☒感手。　8-1642

□☒　8-1643

監府書遷【陵】。☒　8-1644

☒□□□□屬其官吏官未　8-1645

8-1646 綴合至 8-944

卅年六月辛亥，司空守茲、史□□□☒

乙膾粟米三斗少半斗。☒　8-1647

☒發羽，有制書。　8-1648

傳☒　8-1649

廷主戶發。　8-1650

廷主吏發。　8-1651

☐感手。　8-1652

遷陵洞庭。　8-1653

☐牘　8-1654

自一日到七日☐　8-1655

☐□使小隸臣猈□☐　8-1656

☐援手。　8-1657

廷。　8-1658

☐□一曰，毋它坐，它如□□□　8-1659

粟米二石。卅三年九月戊辰乙酉，倉是、佐襄、稟人藍出貸【更】☐　原注釋：左側刻齒爲「二石」。

☐令☐　8-1660+8-1827

尉☐　8-1661

☐【買】白翰羽☐

⍁【沅】以北【到】⍁

⍁郵行⍁　8-1662

⍁【遷】陵令⍁

⍁【朔】己卯，遷陵丞昌敢告尉，三鄉⍁

⍁主戶發。槐□。七月庚辰⍁　8-1663+8-1925

□

□

芋（第一欄）

芹（第二欄）

韭

□

芋（第三欄）

季

析

梅

喬（第四欄）　8-1664

廿七年十一月乙卯，司空昌【薄（簿）】⍁

黔首貲大男子四人。⍁

其□人載粟。⍁　8-1665

⍁陵洞庭⍁　8-1666

□□□⍁　8-1667

故賈爲贖取之。它如律令。⧄

臣眛（昧）死請。·制曰：可。⧄ 8-1668

酉陽獄史治所。 8-1669+8-1921

8-1670 綴合至 8-1638

⧄□□□水下一，隸妾【強】⧄ 8-1671

⧄□郵

⧄庭 8-1672

繭六兩。 卅 8-1673

⧄□爲人庸□⧄ 8-1674

⧄【黔】首毋坐奸以論者。 8-1675

8-1676 綴合至 8-181

一人與佐帶上虜課新武陵。 8-1677

⧄□□□【廖手】 8-1678

8-1679 綴合至 8-177

木織複四，少一。木織軸四。　木小匱三□□□□□▨　8-1680

▨□唐適與齎▨

……　8-1681

遷陵洞庭。　8-1682

▨□□　令□▨　8-1683

遷陵　洞庭。　8-1684

遷陵以郵行洞庭。　8-1685

出莞席十。卅五年八月丁巳□☒

其貲責（債）計☒　8-1686　原注釋：左側刻齒爲「十」。

☒六分升一。　8-1687

☒陽里小男子說辤（辭）曰：故小上造以☒　8-1688+8-1972

求菌內久□☒　8-1689

丙廥粟米一石。

廿九年三月丁酉，倉趙、史感、稟☒　8-1690　原注釋：左側刻齒爲「一石」。

啓陵鄉。 8-1691

護圂，圂未得，卌四年益⍁ 8-1692

⍁□四 8-1693

詣毛季。 8-1694

⍁□上論奏守府卻曰 8-1695

廷主吏。 8-1696

⍁佗手。 8-1697

廷。 8-1698

8-1699 綴合至 8-1622

廷吏曹。 8-1700

廷主吏發。 8-1701

8-1702 綴合至 8-1661

有見智（知）者⍁ 8-1703

☑貳春吏見（現）三人。　8-1704

☑乾鱸魚　8-1705

☑般手。　8-1706

□□□□□□□□
二人桔傳甄廡□賀、何。　8-1707

8-1708 綴合至 8-1613

8-1709 綴合至 8-1162

☑鄉夫佐、稟人嫭出稟屯☑　8-1710

☑解，它如前☑　8-1711

☑病有郗癰
☑□七月壬辰已。·凡十二日。
中病☑
得六十☑　8-1712+8-1811

受倉小隸臣二人　8-1713

☑遷陵以郵
行洞庭　8-1714+8-2065

下十牒及　往　書尉此壹⧄　8-1715+8-1893

卅五年遷陵貳春鄉積戶二萬一千三百⧄

毋將陽闌亡乏戶　8-1716

8-1717綴合至8-602

⧄治心腹痛，心腹痛者⧄

⧄□【鬻】⧄　8-1718

……

□□□徒□□⧄

□□□徒隸徙▨
次之以□□【傳】▨　8-1719

▨□史□▨　8-1720

畜及錢財、財物自挾臧其數▨
毋令少吏、吏徒能襲爲。　8-1721

▨□，今爲臨沅司空▨　8-1722

……　8-1723

卅四年六月甲午朔【辛】▨　8-1724　原注釋：右側刻齒爲「二百」。

貳春。　8-1725

司空色□□⍁　8-1726

⍁□三□□⍁　8-1727

卒東⍁　8-1728

覆獄沅陵獄佐己
治所發。　8-1729

⍁□家入即爲　8-1730

出五戶歸⍁　8-1731

⍁【寫】朐忍診容及⍁　8-1732

舍人、徒食皆莫智（知），它⍁　8-1733

⍁贖耐，今寄行書事已　8-1734

廿七年羽賦二千五【百】⍁　8-1735

⍁尉廣□二甲⍁　8-1736

貳春鄉。 8-1737

卅五年正月庚寅朔辛亥，校長☑ 8-1738 原注釋：左側刻齒爲「四百四十」。

徑廥粟米二石。
卅一年十月乙酉，倉守妃、佐富、稟☑ 8-1739 原注釋：左側刻齒爲「二石」。

☑戶。 ·大凡☑ 8-1740

廷獄東發。 8-1741

☑子，貳鄉守吾作徒薄（簿）：受司空白粲一人，病。 8-1742+8-1956

廿六年八月丙子，遷陵拔、守丞敦狐詣訊般芻等，辤（辭）各如前。　8-1743正+8-2015正

鞫之：成吏、閒、起贅、平私令般芻、嘉出庸（傭），買（價）三百，受米一石，臧（贓）直（值）百卌，得。成吏亡，嘉死，審。（A）　8-1743背+8-2015背

遷陵　8-1744

☑與令佐平　8-1745

廷　8-1746

不實□□□☑　8-1747

粟米一石九斗少半斗。　卅五年七月【戊】☑　8-1748　原注釋：左側刻齒爲「一石九斗」。

☑之，而私爲□庸，舍人、徒食即皆莫智（知）。 8-1749+8-2165正

☑□□ 8-2165背

廷主吏發。 8-1750

錦繒一丈五尺八寸。 卅五年九月丁亥朔朔日，少內守繞出以爲【獻】☑

令佐俱監。☑ 8-1751+8-2207 原注釋：左側刻齒爲「一丈五尺八寸」。

廷主戶。 8-1752

☑解曰：亟論當田不□☑ 8-1753+8-2223

孱陵卅二年萬三千四百□☐　8-1754

遷陵買羽，倉銜故☐　8-1755

敢言之，守府書曰☐　8-1756

8-1757 綴合至 8-1278

廷主吏。　8-1758

卅一年四月癸未朔乙未，啓陵☐
受倉大隸妾三人。☐　8-1759

獄南曹。 8-1760

☑行書，有不定者，謁 8-1761+8-1769

粟米十二石三斗。 卅五年☑ 8-1762 原注釋：左側刻齒爲「十二石三斗」。

☑當貇（墾）田十六畝。

☑已貇（墾）田十九畝。 8-1763

☑【佐】歡，華訊于，于告旁☑ 8-1764

東成戶人大夫印小臣遬，廿六□☑ 8-1765

☐□撓歙（飲）。已歙（飲），如再□☐
☐食次（恣），毋禁，毋時。•治□☐　8-1766

廷。　8-1767

☐錢　8-1768

8-1769 綴合至 8-1761

☐各一甲，與此相遝，它如劾。（正）
☐□手。（背）　8-1770

☐□付市叚（假）少內唐。

☐臂手。　8-1771

8-1772 綴合至 8-792

廷主計。　8-1773

二萬一千九百卌八。☐　8-1774

廿九年索
今及□□□
□，具此□。　8-1775

廷金布

□【治笥】。　8-1776

卅年十月盡
九月，群往來
書已事倉曹
□笥。　8-1777+8-1868

廷。　8-1778　原注釋：左側刻齒爲「四十」。

8-1779綴合至8-836

廷。　8-1780

⧄☐狀何如⧄　8-1781+8-1908

遷陵。　8-1782

卅年九月甲戌，少內守扁入佐鼂貲一盾、佐斗四甲、史章二甲、☐⧄
二甲、鄉歜二甲、發弩囚吾一甲、佐狐二甲。凡廿五甲四盾。爲⧄　8-1783+8-1852　原注
釋：右側刻齒爲「八萬五千一百」。

枲參絢緘衺三丈三。（第一欄）
卅四年六月甲午朔己未，☐☐⧄（第二欄）　8-1784+8-2224

尉。　8-1785

8-1786 綴合至 8-225

8-1787 綴合至 8-1574

年年年年☐　8-1788

廷。　8-1789

☐者。　8-1790

8-1791 綴合至 8-1236

☐何解?·辤（辭）曰　8-1792

☑少半斗。 •卌二年三月丁☑

☑令佐尙視平。☑ 8-1793 原注釋：左側刻齒爲「四石四斗少半斗」。

稻一石二斗半斗。 卌一年七月乙丑，倉是、史感、稟☑ 8-1794 原注釋：左側刻齒爲「一石二斗半斗」。

☑【主庫】發。 8-1795

都鄉黔首毋不平苦者。 8-1796

☑□巳，啓鄉守恬敢言之：廷【令】☑

☑渚即□之及其□☑

☒☐履發。　8-1797

一月盡九月、十二月，十月入守☐六人盡九月，各十二月。•八月入☒
出百七十人。八月爲☐、老、死，盡九月，各二月，九百☐☐☒
☐盡☐☒　8-1798

☒☐受家占遺用錢☒　8-1799

卅三年七月己巳朔甲申，令佐☒
☐、☐喜、成、典販皆☒　8-1800

錢萬八千三百六十四。☐三百☐☐☐……☒
卅三年……☒　8-1801　原注釋：左側刻齒爲「一萬八千一百」，以下殘斷。

⧄佐俱監。⧄　8-1802　原注釋：左側刻齒爲「六千」。

廷。　8-1803

⧄歲更，以異中縣⧄　8-1804

⧄出付啓陵⧄　8-1805

四千卌⧄　8-1806

丹陽士五（伍）下里申。⧄　8-1807

⧄錢令史□⧄ 8-1808

⧄夫三月、四月食。

⧄臂手。 8-1809

⧄□□□陽□⧄ 8-1810

8-1811 綴合至 8-1712

⧄丗五人病⧄

⧄五人□⧄ 8-1812

⧄陵鄉成里戶人士五（伍）成隸⧄ 8-1813

錢四萬九千四百六十九。　卅五☐　8-1814　原注釋：右側刻齒爲「四萬七千」，以下殘斷。

☐貲成。　令史尙。☐

☐年七月甲申，司空守茲、史逢。☐　8-1815+8-1830+8-2239

☐卅四年九月癸亥【朔辛巳，少內】☐　8-1816

私進令史芒季自發。　8-1817

☐

【校】券相應。　8-1818

☐令令☐　8-1819

8-1820 綴合至 8-562

8-1821 綴合至 8-977

☐□令洞□☐

☐盜不□☐ 8-1822

獄南書一封，丞印，詣洞庭尉府。卌三年十一月癸酉夕☐ 8-1823

☐□言付都鄉守沈。 強手。 8-1824

☐淺爲東成☐ 8-1825

遷陵・洞庭。　8-1826

8-1827 綴合至 8-1660

☒・五月食

☒□手。　8-1828

☒洞庭泰守府。　二月乙未，水下八刻，走佁以來。　8-1829

8-1830 綴合至 8-1815

一榦官居宜陽、新城，名曰「右榦官」。爲其丞劾（刻）印章曰「右榦官丞」，次「榦都嗇

丞」。 8-1831

8-1832系聯至8-314

☒擇付少內華。 8-1833

廷戶發。 8-1834

尉。 8-1835

船十六。☒ 8-1836

遷陵以郵
行洞庭。 8-1837

遷陵洞庭☒ 8-1838

8-1839綴合至8-1590

遷陵以郵行
洞庭。 8-1840

覆衣用遷陵獄
史臣治索（索）故尉舍。 8-1841

8-1842綴合至8-204

☒陵以□

☒□庭　8-1843

☒□六，度給縣用足，餘四。

☒綰（棺）八，度給縣用足，餘六。

☒蓋六具，度縣用足，餘二。

☒蓋布七，度給縣用足，餘三。

☒草□一，度縣不足三。　8-1844

卌二

年遷陵內史計。☒　8-1845

吏卒又（有）□☒　8-1846

☒□□□□□□□□□□□☒

☒□□□【來復傳敢言】☒　8-1847

唐敢再搾（拜）☒

□□□□☒　8-1848

8-1849綴合至8-1322

☒問使者　8-1850

旬陽。　8-1851

8-1852綴合至8-1783

☐□色，長可七尺四寸，【年】☐　8-1853

司空。　8-1854

☐□□【付】牢人大隸臣□☐　8-1855

☐□付少內守履☐　8-1856

二百　8-1857

☐□寅朔甲午貳春【鄉】☐

☐□□【署】☐　8-1858

廷令曹發　8-1859

□空曹☐

□□□☐　8-1860

☐【徒】養。

☐妾一人蓐芋。　8-1861

☐洞庭。　8-1862

簪子大男□，爲人圜面，□……□□不智☒

【死】產。　8-1863+8-1866正

☒……☒　8-1866背

☒孟魋左過其☒　8-1864

……

□當計者□□□□☒

……　8-1865

8-1866綴合8-1863

☒□行洞庭　8-1867

8-1868 綴合至 8-1777

廷主吏發。　8-1869

☑□□□春【鄉】☑

☑□□☑　8-1870

8-1871 綴合至 8-1542

歙□倚□□□□歙☑　8-1872

陽里戶人司寇寄妻曰備，以戶䙴（遷）廬江，卅五年　8-1873+8-1946

卅年獄南
曹斷獄　8-1874

☐一上□☐　8-1875

☐瘳行書遷陵，因□　8-1876

有訾論報書不責之，皆　8-1877

□丁壯者四人，因適□☐　8-1878

☐□□□□　8-1879

☐□二月食。☐
☐　盅☐　8-1880

廷主吏發。　8-1881

8-1882 綴合至 8-1322

☐卅四□月中未賞敢寄爲　8-1883

遷陵　洞庭。　8-1884

☐六月☐　8-1885

獄南曹書三封，丞印，二詣酉陽，一零陽。卅年九月丙子旦食時，隸臣羅以來。 8-1886

□ 8-1887

□□南里士五（伍）異斬首一級。 8-1888

☐卅四年三月丙寅朔戊辰☐ 8-1889

8-1890 綴合至 8-600

☐□者 8-1891

8-1892 綴合至 8-602

8-1893 綴合至 8-1715

☒城旦卻等五十二，積五十二日，日四升六分升一。

☒　得手。　8-1894

☒□季□□□□□□☒

……　8-1895

☒道事二歲☒　8-1896

覆獄沅陵獄□☒

治所發。☐ 8-1897

☐□□☐ 8-1898

8-1899綴合至8-439

用和桼（漆）六斗八升六籥（龠），□□□□☐
水桼（漆）九斗九升。☐
凡十六斗七升六籥（龠）。☐ 8-1900

☐□它如律令☐ 8-1901

廿九年司空計☐ 8-1902

⧄今兒　8-1903

尉。　8-1904

稻一石九斗六升少半半升。　卅一年後九月【辛】⧄　8-1905　原注釋：左側刻齒爲「九斗六升少半升」。

廷。　8-1906

□□□□□葉亭□□□□⧄　8-1907

8-1908 綴合至 8-1781

☑心多問母□□☑
☑毛大心□□☑ 8-1909

☑論論 8-1910

☑臨沅 8-1911

☑庭 8-1912

8-1913 綴合至 8-70

少內☑ 8-1914

遷陵令【若】☑
行急急急急☑ 8-1915

☑·洞庭 8-1916

☑□四□□ 8-1917

☑□先□□□□而以藥☑ 8-1918+8-1988

☑問其縣有 8-1919

卅五年遷陵□☑

□□□□□☒　8-1920

8-1921 綴合至8-1669

8-1922 綴合至8-602

☒品一□☒　8-1923

☒册　8-1924

8-1925 綴合至8-1663

☒□遷陵☒

☒陵·洞□☒
☒□☒　8-1926

☒□□□☒
☒□□□☒　8-1927

……　8-1928

☒□□□□☒　8-1929

遷陵主□☒　8-1930

索。　8-1931

☐□□□□□☐

☐□□□□□☐　8-1932

☐□建。　瘳手。　8-1933

☐□□□

☐□□　8-1934

遷陵洞庭。　8-1935

……

……

……

……

☐□□行□☐　8-1936

8-1937綴合至8-1369

☐醋。

☐感手。　8-1938

☐有□里□（正）

☐□（背）　8-1939

☐□可　8-1940

⧄□　8-1941

⧄貲二甲□

⧄貲貲貲　8-1942

⧄貳春鄉要常

⧄鄉繆、佐笱得　8-1943

⧄尉⧄　8-1944

⧄□□=史發弩　8-1945

8-1946綴合至8-1873

⧄隸臣□□□□

⧄卻手。　8-1947

【遷】陵　洞庭。　8-1948

⧄□月食。

⧄　□手。　8-1949

⧄媒糞□⧄　8-1950

尉以郵行。　8-1951

☐□□□□□□□□□【遷陵尉計】□

☐主爵發。敢言之。

……□□□□□　　8-1952

☐□詰偃，偃何亭署？·安　　8-1953+8-1989

☐□司空未□，未□下真書　　8-1954

廷主戶發。　　8-1955

8-1956綴合至8-1742

□【粟三石七斗。　丗】□☐　　8-1957　　原注釋：左側刻齒爲「三石七斗」。

朐忍令人贖、遣戍及問容此前☐　8-1958

8-1959綴合至8-1376

令史☐　8-1960

☐廖手。　8-1961

☐□☐　8-1962

廷。　8-1963

☐薄（簿），敢言之。　8-1964

☐庭。　8-1965

☐□雔
☐肖　8-1966

☐一斗。其□☐　8-1967

☐隸妾　8-1968

☐廷。　8-1969

☑坐上 8-1970

卅三年十月壬申日入，牢人同以☑ 8-1971

8-1972綴合至8-1688

☑當計。

☑已付都鄉。臂手。 8-1973

8-1974綴合至8-824

☑□□□□

☑及 8-1975

☑□半斗，歓（飲）之。•此治黃☑ 8-1976

☑□今捕者罷去 8-1977

☑□辨☑ 8-1978

☑□□□手 8-1979

☑吾手。 8-1980

☑□□ 8-1981

▨□高里□女子□□□▨　　8-1982

【傳】▨　　8-1983

▨□手。　　8-1984

▨□今□▨　　8-1985

笥二合▨　　8-1986　　原注釋：左側刻齒爲「六」，與簡文不合。

▨言之。　　8-1987

8-1988 綴合至 8-1918

8-1989 綴合至 8-1953

☒□武皆有它☒　8-1990

☒田手。　8-1991

☒問之□☒（正）

☒□□☒（背）　8-1992

☒□定出十二，人今□□☒　8-1993

☒□□郵行。冗冗冗（正）

☒□□□（背）　8-1994

☒曼四寸半寸，袤三尺半□者☒　8-1995

☒五尺者廿枚。　8-1996

8-1997 綴合至 8-823

凡十人。（正）

☒目手。（背）　8-1998

☒□□☒

☒□所所□☒（正）

⧄□□□□⧄

⧄□□⧄（背）　　8-1999

所道來甚遠居　　8-2000

⧄遷陵守丞銜告尉：故令佐

⧄□=□今□□□□□□□□（正）

⧄　履手。（背）　　8-2001

8-2002 綴合至 8-673

……陵鄉歡⧄

⧄□□□宜□□□⧄

⧄從及□□□⧄

⧄【牒】校上。·今牒⧄　　8-2003

8-2004 綴合至 8-487

……充□⧄

司空城旦不智（知）□與遺□⧄

□覆問毋□□□□□□⧄

□上書□陵廷丿□⧄（正）

遺□□□□已移□□□⧄

□□□□□□□□□□⧄（背）　　8-2005

8-2006 綴合至 8-666

☒□□【年】九月□□司空□□□
☒□□□□□□□□□□□
☒少=內=□□□□□□□☒（正）
☒□□□□□□
☒□手（背）　　8-2007

一人□：【朝】。
一人有獄訊：目。
一人捕鳥：城。（第一欄）
一人治船：疵。
一人作務：且。
一人輪備弓：具。（第二欄）

……（正）

後九月丙寅，司空□敢言☐（背）　8-2008

☐原出遷陵□□□☐

☐□南郡□□□酉☐

☐急□□☐（正）

☐□此……（背）　8-2009

8-2010綴合至8-64

卅一年五月壬子朔壬戌，都鄉守是徒薄（簿）。☐

受司空城旦一人、倉隸妾二人。☐

一人捕獻。

二人病。（正）

五月壬戌旦，佐初以來。氣發。☒（背）　8-2011

8-2012 綴合至 8-61

8-2013 綴合至 8-198

丗二年，貳春鄉守福當坐。士五（伍）居衺（資）中華里。·今爲除道（正）

通食。（背）　8-2014

8-2015 綴合至 8-1743

☒所（正）

☒亦□（背）　8-2016

8-2017綴合至8-1488

□□□□□之☒
□□□□□☒（正）
……☒
……☒（背）　8-2018

☒【卒】死遷陵者孱陵長（正）
犨鞅（背）　8-2019

☒陵☒　8-2020

直令曰☒（正）
☒謁之傅叔簡直□談室（背）　8-2021

☒敢告倉主
☒未定薄（簿）。（正）
☒恬手。（背）　8-2022

遷陵洞庭☒（正）
☒以丁丑遣自致（背）　8-2023

【報】□☒（正）
□□□□☒（背）　8-2024

▨年九月丙辰朔=▨（正）

▨月戊午水十一刻=下九▨（背） 8-2025

樂樂伯廿六加加加以廿（正）

及人贖廿月戍遣戍▨（背） 8-2026

小男子說。今尉徵說以爲求盜。▨（正）

員吏勿。▨（背） 8-2027

□曹書□封，遷陵丞印，詣定□卒▨（正）

昭行□（背） 8-2028

☒報，署戶發。□手。（正）
☒□署戶發。定手（背）　8-2029

☒□援歸休，未來。窯、銜有它辠（罪），窯爲（正）
☒　堪手（背）　8-2030

☒□販食舍（正）
☒魚即不食舍上☒（背）　8-2031

卅五年十一月辛卯朔辛□☒（正）
敢☒（背）　8-2032

遷陵洞庭（正）

【內官】以郵行。（背） 8-2033

卅一年後九月庚辰朔壬寅，少內守敞作徒薄（簿）：受司空鬼薪▨
其五人求羽：吉、□、哀、瘳、嬗。一人作務：宛。
後九月庚辰朔壬寅，少內守敞敢言之：上。敢言之。▨（正）
後九月壬寅旦佐□以來。尚發。▨（背） 8-2034

▨居貲亦雜診
▨上診一牒。敢言之。（正）
▨ 巨手。（背） 8-2035

▨□□遷陵（正）
▨從翥、䧹各一甲、一盾。

☒ 義手。（背） 8-2036

8-2037綴合至8-498

四月 盡壬寅（正）

令□□（背） 8-2038

☒【洞】庭（正）

☒傳舍沅

☒己治所。（背） 8-2039

窯☒（正）

☒□萬五千七十六□☒

平城 泰【原】（背） 8-2040

☒主戶發。 8-2041

☒□□多嬴

☒□溥敢言 8-2042

卌一年五月壬子朔丙☒ 8-2043

☒□勿【留】☒ 8-2044

☒齊

☒□□□□ 8-2045

☑敢言之。爲士吏居（正）
☑過手（背）　8-2046

□廷□☑　8-2047

☑□□□□九□升☑　8-2048

酉陽獄佐某□遷陵（正）
何柏來歙臞之毋後（背）　8-2049

☑□□□□☑　8-2050

☑□□陵陵陵陵☑
……
……　8-2051

☑以□□□☑　8-2052

☑□　般手。　8-2053

☑□□☑　8-2054

☑□□☑　8-2055

☑□【受爲報】□□☑

⧄盧江不更戶一⧄　　8-2056

⧄受⧄　　8-2057

⧄□□□□及令□⧄　　8-2058

⧄守丞酉鄰⧄　　8-2059

⧄律令⧄　　8-2060

⧄戌朔庚戌，輪曹河□⧄

⧄【敢】言之。八月己未內□⧄

⧄□□□□□□⧄　　8-2061

⧄……⧄　　8-2062

⧄□遷陵少內殷⧄　　8-2063

⧄訊事已□□⧄　　8-2064

8-2065綴合至8-1714

⧄□府⧄　　8-2066

⧄□□⧄　　8-2067

☑□【檮】☑

☑□職以☑

☑□□☑ 8-2068

☑□☑ 8-2069

☑□□□□□□☑ 8-2070

☑□□□□ 8-2071

☑以郵☑ 8-2072

☑　貲一盾二百三□☑ 8-2073

☑□小□☑ 8-2074

8-2075綴合至8-474

☑【故】□守□☑ 8-2076

☑平手。 8-2077

8-2078綴合至8-1170

☑□十人。 □☑ 8-2079

☐□□【除爲】□☐ 8-2080

☐亡☐ 8-2081

☐□□□□□☐ 8-2082

☐失期九日。

☐□□【行事】。 8-2083

☐如意手。 8-2084

☐廼三月戊□☐ 8-2085

卅五年八月丁巳朔辛巳，少內守☐

少內敢辤（辭）。☐ 8-2086

☐願賜報。☐ 8-2087

8-2088綴合至8-659

☐□□□薄。（第一欄）

一人□□□。

一人付畜官：瑣。

六人□□：澤、務、何、勢、庭、田。

五人除道：□、□、取、□、□。

□人作□。

……（第二欄）
六人治□□□□□☒
一人爲炭：劇。
□□□（第三欄）　8-2089

☒□發。☒　8-2090

☒其一人□☒
☒二人行書□
☒□□有逮：富
……（第一欄）
三☒
一☒

一〼（第二欄）　8-2091

〼□之。得手。　8-2092

卅五年八月丁巳朔乙酉，司空守俱、佐稡入徒所爲〼　8-2093+8-2180

〼啓陵【鄉】〼　8-2094

【遷陵購賞】□□□〼　8-2095

〼尚發。　8-2096

……（第一欄）

□□☐

【倉】隸妾【四】☐

凡八十三人。

其三人付畜官。☐（第二欄） 8-2097

丹子大女子巍（魏）嬰姽一名☐

年可七十歲，故居巍（魏）箕李☐ 8-2098

☐□陽童。

☐□綽。

☐養，敬、言、應。

☐□☐ 8-2099

☐□□☐ 8-2100

□☐十人。

☐□□□官。

☐人守園：壹孫。

☐人牢司寇守：囚、嫭、負中。

☐二付庫：快、擾。

☐人市工用：頷、亥。

☐□□□（第一欄）

二人付田：僃、嬰。

六人付司空：環☐

七人付少內：革、茝、□☐

五人作務：文、窅、□☐

四人付畜官：□☒

三人行□□□☒（第二欄） 8-2101

☒朔乙丑，司□☒

☒□午有☒

☒□僮☒ 8-2102

☒年三月庚寅☒ 8-2103

卅五年五月己丑朔☒ 8-2104

☒辛亥朔乙卯，□☒

☒□獲□□□☒

☒□【遷陵】□□☒ 8-2105

☒遷陵有以令除冗佐日備者爲

☒□謁爲史，以銜不當補有秩，當 8-2106

☒……☒

□□敢☒ 8-2107

□□☒

十二人爲☒

……☒ 8-2108

☒行餘書冊它坐☒ 8-2109

□粟二石八斗。☑ 8-2110

卅一年七月辛亥朔丙寅，司空☑
其一人爲田鼂養：成☑
二人行書成陽：慶、適☑
□【人有逮】富☑ 8-2111+8-2136

☑各一件□☑ 8-2112

☑【如意當】坐，士五（伍）居□陽益☑ 8-2113

☑主君不□☑ 8-2114

⍁水守丞徐爲敢言之，寫上，謁⍁
⍁【五】月壬子朔戊午，洞庭叚（假）守⍁
⍁【以律】令從事，【報】⍁　　8-2115

□⍁　　8-2116

⍁□市書曰⍁
⍁□官受者□⍁
⍁受啓陽⍁
⍁□□□⍁　　8-2117

⍁閭亭□⍁

⍁□少內少內傳⍁　　8-2118

⍁□鄉司空傳書⍁　　8-2119

⍁□酉陽廷。　　8-2120

⍁□巳朔甲子，貳春鄉茲敢【言】⍁
⍁【吏】曹發，今問之：邛上【造】⍁
⍁□謁言【治】□□□□⍁　　8-2121+8-2149

⍁□⍁
⍁聲【牢人】⍁
⍁□時守府陽⍁　　8-2122

☐遷陵窮☐ 8-2123

☐鄉獨至今☐ 8-2124

☐☐☐
☐☐得、哀☐
☐☐事守府☐ 8-2125

☐☐辟☐ 水☐ 8-2126

☐守歡爰書：陽里士五（伍）☐ 8-2127

⧄詣治所⧄ 8-2128

⧄狼（琅）邪 8-2129

⧄遷陵守丞銜□⧄
⧄言之，寫上，謁以臨⧄ 8-2130

⧄元年八月庚午□ 8-2131

⧄卅一年□□□ 8-2132

⧄年可卌歲，故居巍（魏）箕攻 8-2133

卅一年五月壬子【朔】⧄
其一人以卅一年二月□⧄
二人行書□□⧄
一人□□⧄ 8-2134

⧄□□□……⧄
⧄ 有秩，銜不當□⧄
⧄【銜】當補有秩不當⧄ 8-2135

8-2136綴合至8-2111

⧄□⧄
⧄□冰州臺赤⧄

☒守囚文同羅。☒

☒齰☒　8-2137

☒【泰】守府敢辤（辭）☒

☒【朔】壬子，田守武敢言之：上辤（辭）□□☒　8-2138

☒謂少內☒　8-2139

☒母大女子□□☒　8-2140

☒壬敢☒　8-2141

☒佐□以來。□☒　8-2142

☐□□□□☐

☐令史華監。☐　8-2143

☐春十七人☐

☐吏上事守府。□☐

☐務：哀。（第一欄）

一人事革☐

一人伐牘，□☐（第二欄）　8-2144+8-2146

☐□☐

☐□□令☐

☐田典□舍☐　8-2145

8-2146綴合至8-2144

☐當表職（識）者謹表☐

☐□　士人及【典】☐　8-2147

☐人取菅□□☐　8-2148

8-2149綴合至8-2121

☐曰姘，爲人大女子☐

☐□□□□今□☐　8-2150

☒一年四月癸未朔己丑，司空守偏☒
☒城旦司寇一人，☒
☒□薪廿人，☒
☒□□四人，☒　8-2151+8-2169

隸大女子符容☒　8-2152

☒辰塱令徒周【率】☒　8-2153

☒　薄（簿）留日☒　8-2154

☒重卻書☒　8-2155

☒三月癸丑朔壬戌，【司空】□☒
☒城旦司寇一人。
☒鬼薪十九人。☒　8-2156

8-2157綴合至8-733

……□□
☒□□十月朔日□（正）
☒□□□□（背）　8-2158

8-2159綴合至8-740

☒□陵主☒

☒主。七月丁巳☐☒

☒書亟言，署☒（正）

☒要以【來】☒（背）　8-2160

8-2161 綴合至 8-69

☒☐夫　8-2162

8-2163 綴合至 8-671

☒守禮言如是如☐☒（正）

☒陽守定☐守定☒（背）　8-2164

8-2165 綴合至 8-1749

☒謁給輸遷陵傳☐☒

☒【付遷陵有】傳☒（正）

☒☐☐☐☒

☒它如律令，傳書。☐☒（背）　8-2166

8-2167 綴合至 8-664

☒☐☐☒　8-2168

8-2169 綴合至 8-2151

⍁守恬敢言【之】⍁ 8-2170

⍁一人⍁

⍁【隸】妾三人□⍁ 8-2171

⍁□□⍁

⍁□⍁ 8-2172

⍁□月乙巳朔⍁ 8-2173+8-2174

⍁閒⍁ 8-2175

⍁□⍁

⍁□⍁ 8-2176

⍁卅一年⍁ 8-2177

⍁南⍁

⍁□⍁ 8-2178

來賦不當環（還）⍁

□□令佐華⍁ 8-2179

8-2180 綴合至 8-2093

⍁讐⍁ 8-2181

☐□☐

☐□□☐

☐□□☐　　8-2182

☐□□□☐　　8-2183

☐□季言☐　　8-2184

□小男子□☐　　8-2185

☐□□服弓弩裛二，衺各七尺，有殿入。

瘳手。　　8-2186

卅五年八月☐　　8-2187　　原注釋：右側刻齒爲「六十六」。

七月甲子貳庚陁陽（正）
爵爵　七月　七月（背）　　8-2188

都鄉佐容歸。　　8-2189

☐凡□□畜封□給官☐（正）
如意手。（背）　　8-2190

廿九年七月戊午，遷陵丞昌訊☐（正）
鞫之：又（有）留不傳閬中漕☐（背）　　8-2191

☐是今□。　8-2192

木薪一石五斗。　卅五年九☐（正）
【九】月丁亥朔庚寅，少內沈☐（背）　8-2193

粟米二斗泰半斗。　卅二年三月丁丑朔癸巳，貳☐　8-2194

☐□尚、佐最、稟人小出稟大隸妾□、京、窯、茝、并、□、□☐
☐□□升。　令史氣視平。☐　8-2195

敬進　書丞公　從史　8-2196

司空。　8-2197

廷主課發。　8-2198

廿八年付，廿九年出廿九萬九千四百一十☒　8-2199

☒□服弓弩襄二，衺七尺，有殿入

☒　瘳手。　8-2200

遷陵☒　8-2201

錢二千一百五十二。　卅☒　8-2202　原注釋：右側刻齒爲「二千一百四十」，以下殘斷。

▨上里士五（伍）賜正月　8-2203

8-2204 綴合至 8-891

人□（正）

□（背）　8-2205

▨尉敬養興爲庸，約日三斗米，乙酉初作□▨　8-2206+8-2212

8-2207 綴合至 8-1751

少內。　8-2208

☒從廿□☒　8-2209

☒臣稺、曰佁、曰郤、曰適、曰申、曰賢。

☒令史行監。　8-2210

前日備日□☒　8-2211

8-2212 綴合至 8-2206

☒□若已聞令，餔不行半　8-2213

事死產☒　8-2214

□□【大女子】□

□□曰談。⧄　8-2215

當　8-2216

問遷陵所請不遣者廿人録⧄　8-2217

發，敢言之⧄　8-2218

卅五年十二月⧄

稟人隸妾□⧄

□□□□□⧄（正）

十二月戊□水□⧄（背）　8-2219

錢百六十⧄　8-2220

⧄甲寅到沅陵⧄　8-2221

義季⧄　8-2222

8-2223 綴合至 8-1753

8-2224 綴合至 8-1784

⧄書鄉官聽□⧄（正）

⧄□入□⧄（背）　8-2225

☐買鐵銅，租質入錢，貲責隃（逾）歲，買請銅錫　8-2226背+8-2227正

☐□，繭絲。・凡七章，皆毋出今旦。急急急。☐　8-2226正+8-2227背

粟米四石□□☐　8-2228

☐月丁亥朔日，【倉】☐　8-2229

☐廿年　廿年九月　九年　8-2230

☐戶從十二☐　8-2231

☐十六寸四　8-2232

☐【稟】人忠出貸陽里士五（伍）過。

☐　□手。　8-2233

☐卌六年。　沈手。　8-2234

粟米一石九斗少半斗。　·卌……☐

當陽□□☐　8-2235　原注釋：左側刻齒爲「二石」。

☐□□季　8-2236

貳☐　8-2237

□□□□□⍁　8-2238

8-2239 綴合至 8-1815

⍁□毋□⍁　8-2240

⍁【謁】令　8-2241

⍁陵，陵有秩毋□⍁　8-2242

⍁陵鄉守恬□⍁

⍁□可以癸⍁　8-2243

（無字簡）　8-2244　原注釋：無字簡，左側刻齒爲「一百五十九」。

☐五月乙卯，倉是、史感、稟人援出稟遷陵丞昌。•四月、五月食。

☐　令史尚視平。　感手。　8-2245

徑廥粟米四石。　卅一年七月辛亥朔朔日，田官守敬、佐壬、稟人婬出稟罰戍公卒襄城武宜都胠、長利士五（伍）甗。

令史逐視平。　壬手。　8-2246　原注釋：左側刻齒爲「四石」。

粟米三石七斗少半斗。卅二年八月乙巳朔壬戌，貳春鄉守福、佐敢、稟人杕出，以稟隸臣周十月、六月、廿六日食。（A）

令史兼視平。　敢手。　8-2247　原注釋：右側刻齒爲「三石七斗少半斗」。

☒食一石，凡三石。卅五年九月丁亥朔丙申，倉茲受司空守□ 8-2248

徑廥粟米一石二斗半斗，卅一年二月己丑，倉守武、史感、稟人堂出稟隸妾援。

令史犴視平。 感手。 8-2249 原注釋：左側刻齒爲「一石二斗半斗」。

日到室即□復□賜□☒ 8-2250

☒□覆居其郡☒ 8-2251

☒毋食來☒ 8-2252

☒之南徙☒ 8-2253

⧄枳策　　8-2254

⧄亡不轙過程⧄　　8-2255

⧄就欲以何避⧄　　8-2256

城父　□⧄　　8-2257

⧄……⧄（正）

⧄□□□⧄

⧄刻刻下九□⧄（背）　　8-2258

⧄【南】鄉□⧄

☒□曰住□☒

☒吏卒救南☒　8-2259

廿二年四月丙午朔辛未，遷陵守丞色敢告尉主、尉稾☒
淄皆有論，以書到時定名吏（事）里、它坐、訾，遣詣廷以☒
□發。　8-2260+12-1786

遷陵☒
行洞☒　8-2261

☒陽到□鄉七十☒
☒□到□□百☒
☒□到□□☒

⍁□到□□⍁

⍁□□□⍁

⍁□□⍁ 8-2262

耤日工□⍁ 8-2263

⍁毋它坐⍁ 8-2264

□□……⍁ 8-2265

⍁敢告遷陵丞主⍁ 8-2266

⍁□即 8-2267

⍁坐者 8-2268

⍁臂手。⍁ 8-2269

⍁□且有罪窅 8-2270

目□□⍁ 8-2271

⍁獄東發故□⍁ 8-2272

⍁課行道中員不⍁ 8-2273

⧄□貲贖責（債）沒負償齎⧄　8-2274

⧄狩獲
【令】史痤□　8-2275

⧄□視獄成都　8-2276

⧄　□□□受倉□⧄
⧄　□□⧄　8-2277

⧄□⧄　8-2278

⧄【見】⧄　8-2279

⧄□二年四月【丙】⧄　8-2280

錢百一十⧄　8-2281

⧄二月乙丑旦⧄（正）
⧄□□過夷鄉⧄（背）　8-2282

⧄箻論⧄　8-2283

⧄□移戶⧄
⧄□守書□⧄　8-2284

☒【遷】陵☒ 8-2285

☒□故 8-2286

都□☒ 8-2287

☒名☒ 8-2288

遷陵☒ 8-2289

☒□□☒

☒月壬子水十一刻☒ 8-2290

☒見錢☒ 8-2291

☒移獄=東=☒ 8-2292

☒□□囚【旁】☒ 8-2293

☒司空色貲☒ 8-2294

☒遷陵 8-2295

☒裘里☒ 8-2296

☒□捧（拜）☒ 8-2297

廷☐ 8-2298

☐令□□□

☐陵上真書（正）

☐□□□手（背） 8-2299

□月☐

二月☐ 8-2300

遷陵洞☐ 8-2301+8-2384

☐洞☐ 8-2302

☐□□□□☐

☐都=鄉=傳☐ 8-2303

☐謝敢☐ 8-2304

☐□戍嗇☐ 8-2305

☐□□□☐ 8-2306

即相☐ 8-2307

□□□□□□陵□☐

□□□田以從□□〼　8-2308

〼未【發】〼　8-2309

〼少內〼　8-2310

〼敬〼　8-2311

遷□〼
行〼　8-2312

〼□爲盜賊，敢告　8-2313

〼與人〼　8-2314

〼□百〼
〼二月〼　8-2315

〼稼〼
〼巴〼　8-2316

〼□決□〼　8-2317

遷陵洞〼　8-2318

〼巳醴陽丞〼

☒劾令史佗□☒

☒□疵誠不☒

☒□□☒　8-2319

☒遷□☒　8-2320

☒具☒　8-2321

☒五☒　8-2322

☒□□☒　8-2323

☒謁報□

☒□一移　8-2324

☒【以】來□☒　8-2325

☒薄（簿）發·☒　8-2326

☒□洞庭叚（假）□□□☒

☒□當□。☒　8-2327

☒朔丁酉令□□☒

☒【遷】□☒　8-2328

買□☒　8-2329

▨曰▨ 8-2330

▨七月丙寅出▨ 8-2331

遷【陵】▨ 8-2332

▨□□▨ 8-2333

▨□爲校券以▨ 8-2334

▨告倉【主】▨ 8-2335

▨□□□□▨

▨廿年巫□▨ 8-2336

▨訊□□▨ 8-2337

▨□六十日不自▨ 8-2338

▨倉八人賣□▨ 8-2339

▨十一月辛卯朔▨ 8-2340

▨日□□▨ 8-2341

☑□在□□□□□☑

☑□邦得☑ 8-2342

☑□受倉【是】☑ 8-2343

☑□武☑ 8-2344

☑具弩矢☑ 8-2345

☑令若丞 8-2346

☑□發 8-2347

☑□□不☑ 8-2348

☑呂□☑ 8-2349

☑□□□□□☑ 8-2350

☑衍計廿☑ 8-2351

☑獄□☑ 8-2352

☑言之，守府下☑ 8-2353

☑來☑ 8-2354

☑□甲□☑ 8-2355

☑解☑ 8-2356

☑得之☑ 8-2357

☑六月辛巳□☑ 8-2358

☑【少內】守茲敢言☑

☑□□寫□☑ 8-2359

☑書誤☑ 8-2360

☑論【貲】☑ 8-2361

☑□【謁】□☑ 8-2362

☑環☑ 8-2363

☑□等謀以□☑ 8-2364

☑□弗□☑ 8-2365

☑校長☑ 8-2366

⧄□縣官書⧄ 8-2367

⧄後□⧄ 8-2368

⧄□□⧄ 8-2369

⧄義⧄ 8-2370

⧄求菌叚（假）倉贛敢言之⧄ 8-2371

⧄除二月己酉□⧄ 8-2372

⧄爲⧄ 8-2373

⧄□□⧄ 8-2374

⧄□□更□□七十□⧄ 8-2375

⧄□□□⧄ 8-2376

⧄及及急【及】 8-2377

⧄□□□□手，□⧄ 8-2378

⧄居都鄉⧄ 8-2379

⍁廷即⍁　8-2380

⍁守府⍁　8-2381

⍁智⍁　8-2382

牢人成⍁　8-2383

8-2384 綴合至 8-2301

捐弗□⍁　8-2385

⍁□得□⍁　8-2386

⍁辟（辭）⍁　8-2387

⍁□含荅⍁　8-2388

⍁□□⍁

⍁□□⍁　8-2389

⍁終□⍁　8-2390

⍁□□可□⍁　8-2391

⍁□去□⍁　8-2392

☐論□☐　8-2393

☐書☐　8-2394

□薄□☐　8-2395

☐□□未□☐　8-2396

8-2397 綴合至 8-1127

☐□□□☐　8-2398

☐□及柀☐　8-2399

☐令□☐　8-2400

☐□夬☐　8-2401

☐□爲人晳☐　8-2402

☐復□☐　8-2403

☐□何□☐　8-2404

☐到貳【春】☐　8-2405

☑遷陵☑

☑□☑ 8-2406

☑□論□☑ 8-2407

☑□日備歸☑ 8-2408

☑東☑ 8-2409

☑言☑ 8-2410

☑□時☑ 8-2411

☑陽□☑

☑陵、臨沅☑ 8-2412

☑□□□□☑ 8-2413

☑上衍守☑ 8-2414

☑□亥□☑ 8-2415

☑書□☑ 8-2416

☑巸等☑ 8-2417

☑更戍年　8-2418

☑□者☑　8-2419

☑居五☑　8-2420

☑□錢☑　8-2421

☑□□□□☑　8-2422

☑城旦鬼薪百☑　8-2423

及☑　8-2424

☑與□☑　8-2425

☑【行洞】☑　8-2426

☑遷☑（正）

□☑（背）　8-2427

☑過南☑（正）

☑□夷鄉☑（背）　8-2428

☑言之☑

☒【隸妾】☒（正）

☒□貲責七☒

☒□人爲蒲席☒

☒□人與令史□☒

☒□人捕爰☒（背）　8-2429

☒□當陽□☒

☒□□☒（正）

☒【零陽】☒

☒過充傳舍☒（背）　8-2430

☒□☒

☒來。□□☒（正）

☒乙巳水十一☒

☒□【水十一刻】☒（背）　8-2431

☒□□□□□□☒

☒年五月壬辰☒（正）

☒　六月丁□☒（背）　8-2432

坐及☒（正）

□☒（背）　8-2433

……

五月辛丑水下□☒　8-2434

☐史☐

☐□□☐

☐□□☐

☐器☐

☐一材☐（正）

☐□不□☐

☐□□☐

☐□☐

☐□☐（背） 8-2435

☐□□☐

☐縣界中者☐

☐□□□☐（正）

☐□□☐

☐□□□□☐

☐□□陵☐（背） 8-2436

☐□□☐

☐五年☐（正）

☐辛未旦☐（背） 8-2437

☐□署□□☐

☐□下八過貳☐（正）

☐□□□□☐（背） 8-2438

☐狀何如□☐ 8-2439

⧄成遷⧄　　8-2440

卅三年四月甲辰朔庚申，啓陵⧄
……倉敢□□⧄
……□□□夫⧄（正）
城旦□……⧄
十月……隸妾□以來⧄（背）　　8-2441

空色臧⧄（正）
⧄挌（背）　　8-2442

遷陵⧄（正）
酉陽□⧄（背）　　8-2443

⧄爲□昜此□⧄（正）
⧄定錢者⧄（背）　　8-2444

⧄廷□□□⧄（正）
⧄□□⧄（背）　　8-2445

……　　8-2446

⧄級□⧄　　8-2447

⧄【於】柏□⧄　　8-2448

☒□□□☒　8-2449

☒一札☒　8-2450

☒□職爲事毆☒　8-2451

☒□□☒
☒□□□☒　8-2452

☒卌四年正月☒　8-2453
☒者☒

☒□□☒　8-2454

☒尉☒　8-2455

☒□里☒　8-2456

☒鍭=七☒　8-2457

☒一人倉□□□□□□☒　8-2458

☒□□□□□□□□☒　8-2459

☒戌初☒　8-2460

☒重☒ 8-2461

☒□□☒ 8-2462

☒隸臣☒ 8-2463

☒卅二年四月丙午☒ 8-2464

☒【賜以逮】☒ 8-2465

☒ 就手。 8-2466

☒□稟人捕鼠☒ 8-2467

☒ 人爲叚（假）名☒ 8-2468

☒遷陽陽☒ 8-2469

☒它如【前】☒ 8-2470

☒□不毄繆☒ 8-2471

☒曰堪□□☒ 8-2472

亟定薄令□☒

菅矣☐　8-2473

☐【爲痤】□☐　8-2474

☐之☐　8-2475

南里戶☐　8-2476

□二□□□令☐

□令

☐吏卒令☐　8-2477

……□□

出萬☐

☐萬二　8-2478

☐□九月☐　8-2479

☐甲子，上應式令☐　8-2480

☐□□所新繕。　橫手。　8-2481

☐□乃成市　8-2482

☐□令急☐　8-2483

☒遷=陵=□☒　8-2484

遷陵☒　8-2485

倉☒　8-2486

☒　過手。　8-2487

爲鮖疑即☒　8-2488

☒□年五月丙子朔癸卯☒　8-2489

☒□□□少內佐處錢三百，約☒　8-2490

都鄉畜志☒
牡彘一。☒
牡豕四。☒（第一欄）
□☒
□☒（第二欄）　8-2491

☒有縣官傳☒　8-2492

☒□言廷下☒　8-2493

☒□□三人約作日☒　8-2494

☑賴☑　8-2495

☑□□此五□☑

☑　□☑　8-2496

☑乙巳朔丙辰，司□☑　8-2497

☑行☑　8-2498

☑□今子□□☑　8-2499

☑□見計貲七☑　8-2500

☑敬入徒所捕白翰羽千☑

☑□□【鍭二】□□……☑　8-2501

☑上守府　8-2502

☑月案致（正）

☑買有☑（背）　8-2503

☑□年九月丙戌☑　8-2504

☑□□□□□☑

☑　令當☑　8-2505

⧄□辛□⧄　　8-2506

廷吏曹【發】⧄　　8-2507

⧄□□⧄　　8-2508

⧄□手　　8-2509

⧄卒薄（簿）　　8-2510

⧄【稟】吏卒　　8-2511

⧄□以付　　8-2512

⧄□庚辰取後□⧄　　8-2513

⧄之⧄　　8-2514

⧄隸臣二人有□⧄　　8-2515

⧄縑二丈⧄　　8-2516

⧄□十石□　　8-2517

⧄臣而弗輸⧄　　8-2518

遷陵☐ 8-2519

☐今果☐ 8-2520

☐□□□平☐ 8-2521

☐□戍少☐ 8-2522

☐□寅朔癸☐（正）

☐□□☐（背） 8-2523

☐肉七☐

☐□各三□☐ 8-2524

☐自□☐ 8-2525

☐具【爲】☐ 8-2526

☐□縣上會

☐問之□（正）

☐□□手（背） 8-2527

☐□令戍□☐ 8-2528

☐日□☐ 8-2529

⧄何日而已⧄　8-2530

⧄□□⧄　8-2531

⧄所敢言之　8-2532

⧄徒小大⧄　8-2533

⧄□二人⧄　8-2534

人□⧄　8-2535

尉⧄　8-2536

⧄□受令　8-2537

大枲⧄　8-2538

⧄□之

⧄六百六十錢⧄　8-2539

⧄□【陵】□⧄　8-2540

⧄庫⧄　8-2541

……

☐令史丞監☐　8-2542

☐☐牒　8-2543

☐☐☐棄去之，及期盡賦☐　8-2544

☐☐之☐　8-2545

☐☐式曰☐　8-2546

廷主戶發。　8-2547

☐☐☐☐視平。　過手。　8-2548

□□□□□□□□□□☐（正）
……（背）　8-2549

遷陵以郵行
覆曹發・洞庭　8-2550

爵它　8-2551

遷陵以
□□　8-2552

第九層

卅三年三月辛未朔戊戌，司空騰敢言之：陽陵下五里士五（伍）不識有貲餘錢千七百廿八。不識戍洞庭郡，不智（知）何縣署。今爲錢校券一，上，謁言洞庭尉，令署所縣責，以受（授）陽陵司空。司空不名計，問何縣官、計付署、計年、名爲報。已訾責其家，家貧弗能入；有物故、弗服，毋聽流辤（辭）。以環（還）書道遠，報署主責發。敢言之。四月壬寅，陽陵守丞恬敢言之，寫上謁報，署金布發。敢言之。堪手。 9-3a

卅四年七月甲子朔辛卯，陽陵遬敢言之：未得報，謁追。敢言之。堪手。

卅五年四月己未朔乙丑，洞庭叚（假）尉觿謂遷陵丞：陽陵卒署遷陵，以律令從事，報之。嘉手。以洞庭司馬印行事。敬手。 9-3b

卅三年四月辛丑朔戊申，司空騰敢言之：陽陵褆陽士五（伍）小欬有貲錢萬一千
二百七十一。欬戍洞庭郡，不智（知）何縣署。·今爲錢校券一，上，謁言洞庭尉，令
申署所縣責，以受（授）陽陵司空。司空不名計，問何縣官、計付署、計年，爲報。
已訾其家，家貧弗能入，乃移報署主責發。敢言之。四月乙酉，陽陵
守丞廚敢言之，寫上謁報，報署金布發。敢言之。　9-7a
卅四年八月癸巳朔朔日，陽陵遬敢言之：至今未報，謁追。敢言之。堪
手。
卅五年四月己未朔乙丑，洞庭叚（假）尉觿謂遷陵丞：陽陵卒署遷陵，其以律
令從事，報之。當騰騰。嘉手。·以洞庭司馬印行事。
敬手。　9-7b
卅三年四月辛丑朔丙午，司空騰敢言之：陽陵叔作士五（伍）勝白有貲錢

千三百卌四。勝白戍洞庭郡，不智（知）何縣署。•今爲錢校券一，上謁言洞
庭尉，令勝白署所縣責，以受（授）陽陵司空，司空不名計，問何縣官、計
年，爲報。已訾其家，家貧弗能入，乃移戍所報署主責發。敢言之。
四月乙〈己〉酉，陽陵守丞廚敢言之：寫上，謁報，報署金布發。敢言
之。儋手。　9-10a
卅四年六月甲午朔壬戌，陽陵守丞慶敢言之：未報，謁追。
敢言之。糾手。
卅五年四月己未朔乙丑，洞庭叚（假）尉觿謂遷陵丞：陽陵卒署遷陵，其
以律令從事，報之。當騰騰。嘉手。•以洞庭司馬印行事。
敬手。　9-10b
卅三年三月辛未朔丁酉，司空騰敢言之：陽陵谿里士五（伍）采有貲餘錢八百五十二。不
采戍洞庭郡，不智（知）何縣署。•今爲錢校券一，上謁洞庭尉，令署所縣責，以受（授）

陽陵司空。司空不名計，問何縣官、計付署、計年，爲報。已訾責其家，家貧弗能入，乃移戍所報署主責發。敢言之。四月壬寅，陽陵守丞恬敢言之：寫上，謁報，署金布發。敢言之。卅四年八月癸巳朔朔日，陽陵遬敢言之：至今未報，謁追。敢言之。 9-11a

卅五年四月己未朔乙丑，洞庭叚（假）尉觿謂遷陵丞：陽陵卒署遷陵，其以律令從事，報之。當騰騰。嘉手。·以洞庭司馬印行事。敬手。 9-11b

卅三年四月辛丑朔丙午，司空騰敢言之：陽陵犛里公卒廣有貲錢千三百卅四。廣戍洞庭郡，不智（知）何縣署。今爲錢校券一，上謁言洞庭尉，令廣署所縣責，以受（授）陽陵司空。司空不名計，問何縣官計，付署計年爲報。已訾其家，家貧弗能入。乃【移】戍所報署主責發。敢言之。四月乙酉陽陵守丞廚敢言之：寫上，謁報，報署金布發。敢言之。儋手。 9-12a

卅四年七月甲子朔辛卯，陽陵遬敢言之：未得報謁追敢言之。堪手。
卅五年四月己未朔乙丑，洞庭叚（假）尉觿謂遷陵丞：陽陵卒署遷陵，其以律令
從事報之。當騰騰。嘉手。·以洞庭司馬印行事。　敬手。　9-12b

卅五年三月庚寅朔丙辰，貳春鄉茲爰書：南里寡婦慭自言謁豤（墾）草田故桑地百廿步，在故
步北，恒以爲桑田。
三月丙辰，貳春鄉茲敢言之：上。敢言之。詘手　9-14a
四月壬戌日入，戌卒寄以來。瞫發。詘手。　9-14b

入米二石。
入米一石。
丞食一石七斗。
疾已食一石三斗。　（第一欄）

出米二石，予疾已室。

入即（粢）米二石。

入⿰亻术（秫）米二石。·凡食米三石。

入道（稾）米八斗七升。不僕一斗二參，行食一斗。·【凡入四石九斗】。（第二欄）

鬻米半⿰飠四。

【疾已】食丞主米。

【鬻米半】⿰飠四（第三欄）

一參米秏（耗）半升。

鬻米半⿰飠四。

鬻米半四（⿰飠四）。（第四欄）

鬻米半四（⿰飠四）。

【辛酉】疾已去

【鬻米半四】。（第五欄）　　9-19a

【十】二月□子/丁酉/戊戌/己亥/庚子/辛丑/壬寅/癸卯/甲辰/乙巳/丙午/丁未/戊【申】/【己酉】/

【庚戌】/【辛亥】/壬子/癸丑/甲寅/乙卯/丙辰/丁巳/戊午/己未/庚申/辛酉/壬戌/癸亥/甲子/乙丑/（A）

【丙】寅（A）

丞主/　甲辰丞/主上/食三斗/一參/進食/二斗

【疾巳】/　疾巳去/　甲辰/疾巳/去/出米/三斗/一餔賞（償）/中舍　9-19b

☐

【入】米三石。

丞主下行鄉，食米三斗。（第一欄）

·出米五斗，予疾巳室。

·出米一斗，予疾巳室。（第二欄）

丞主食一石五斗二駟。

疾已食一石一斗二駟。（第三欄）

出半斗爲醬。▨

·正月餘米八斗一駟。（第四欄） 9-20a

正月□子/丁卯/戊辰/己巳/庚午/辛未/壬申/癸酉/【甲戌】/【乙亥】/【丙子】/【丁丑】/【戊寅】/

【己卯】/【庚辰】/【辛巳】/【戊午】/【癸未】/【甲申】/【乙酉】/丙戌/丁亥/戊子/己丑/庚寅/（A）

辛卯/壬辰/癸巳/甲午/乙未（A）

丞主

疾已 /戊子

己卯疾已/去/到乙/酉日/來 9-20b

遷陵以郵

行洞庭。 9-24

元年少
內金錢
日治笥　9-26

☐【胄】十八，弩二百五十一，臂九十七，幾百一十七，弦千八百一，矢四萬九百九十。
☐千二百八十四物，同券齒。　9-29

以故事稽留，不如守府期會，期會事皆急。　9-38

律曰：已豤（墾）田輒上其數及戶數，戶嬰之。　9-39

高里戶人，大女子牡衡。　9-43

遷陵丞自發，
以郵行洞庭。　9-46

⍁□□署遷陵遣言。・問之。　9-158

金矛二百六十四，有矜。　9-285

□廣小上造臣，黑色，長可六尺，年十五。　9-337

9-631 綴合至 7-67

六月壬午朔戊戌，洞庭叚（假）守齮下□聽書從事。臨沅
下索、門淺、零陽、上衍各以【道】次傳。別書臨

沅下洞庭都水，蓬下鐵官。
皆以郵行，書到相報。不報，追。臨沅、門淺、零【陽】、
【上衍皆言】書到，署兵曹發。如手。道一書。•以洞庭倈（矦）印☑ 9-712a+9-758a
☑ 遷陵報酉陽，署主令【發】
急報零陽，金布發。恒署。丁四。
酉陽【報】充，署令發。
七月己未水十一刻刻下十，督郵人□以來。□發。 9-712b+9-758b

守丞枯五十五日。
守丞平五十七日。
守丞固二百卌二日。
令佐懽卌四日。
令佐賀一百卅日。

令佐章百八十日。（第一欄）
守加卌四日。
守頎三百一十日。
佐集卌四日。
佐蘇三百一十日。（第二欄） 9-728

五月庚寅旦，過酉陽督郵。 9-739
……【過酉陽都郵】☐

更戍卒士五（伍）城父成里產，長七尺四寸，黑色，年卌一歲，族☐
卌四年六月甲午朔甲辰，尉探、遷陵守丞銜、前令☐ 9-757

9-758綴合至9-712

徑廥粟一石九斗少半斗。卅一年正月甲寅朔丙辰，田官守敬、佐壬、稟人顡出稟屯戍士五（伍）
巫狼旁久鐵。（A）
史令扁視平。　壬手。　9-762

廿八年八月戊辰朔丁丑，酉陽守丞又敢告遷陵丞主：
高里士五（伍）順小妾壐餘有逮，事已。以丁丑遣歸。
令史可聽書從事，敢告【主】。八月甲午，遷陵拔謂都　9-984a
鄉嗇夫以律令從事。朝手。即走印行都鄉。
八月壬辰水下八刻，隸妾以來。朝半。　穋手。　9-984b

【廿】六年二月癸丑朔丙子，唐亭叚（假）校長壯敢言之：唐亭旁
有盜，可卅人。壯卒少，不足以追，亭不可空。謁

遣【卒】索。敢言之。二月辛巳，遷陵守丞敦狐敢告尉、告卿〈鄉〉主以律　9-1112a
令從吏（事）。尉下亭鄣，署士吏謹備。貳卿〈鄉〉上司馬丞。亭手。即令
走涂行。

二月辛巳，不更輿里戌以來。丞半。　狀手。　9-1112b

卅二年十月
以來，亭倉
司空曹已
【笥】。　9-1130

卅三年十月，
以盡五月事（吏）
曹已事

笥。　9-1131

卅七年，遷陵庫工用計：受其貳春鄉髤☐

桼（漆）三升，·歙水十一升，乾重八。　9-1138

都鄉黔首毋良藥芳草□☐　9-1308

金矛刃百六【十】五☐　9-1356

☐遷陵隸臣妾積千四百

☐【署】☐　9-1369

☐啓陵鄉☐　1392

廿九年少內☑
買徒隸用錢三萬三千□☑
少內根佐之主☑ 9-1408

金布書一封，丞印，詣洞庭泰守府。
卅年五月壬戌，水十一刻刻下三，守府快以來。 9-1594

南里不更公孫黚受令。 ☑ 9-1625

九月庚戌朔壬申，酉陽丞如敢告遷陵丞主寫移。當騰騰。敢告主。
危□。 9-1867a
月庚午……發

後九月丙戌，水十一刻刻下盡，隸妾要以來。敂發。 9-1867b

元年八月庚午朔庚寅，田官守獾敢言
之：上狠（墾）田課一牒。敢言之。 9-1869a
八月庚寅日入，獾以來。援發。 獾手。 9-1869b

☑虎肉二斗賣于更☑
☑令史就視平。☑ 9-1976

☑□計元年餘甲三百卌九、匈廿一、札五石、鞮瞀☑
☑緯四斤二兩。 ·凡四萬四千☑ 9-2045

東成戶人士五（伍）夫。☑

妻大女子沙。☑
子小女子澤若。☑
子小女子傷。☑ 9-2064

☑丑貳春鄉□☑

☑物故不得☑ 9-2084

☑五十一、臂九十七、幾（機）百一十七、弦千八百一、矢四萬九百九十八、戟二百

☑齒 9-2147

☑□洞庭郡，洞庭郡賦遷陵，遷陵☑ 9-2159

元年遷陵隸臣妾積二百四人。

毋死亡者。（第一欄）
倉守士五（伍）敦狐⧄
視事二日⧄（第二欄）　9-2273

四月己巳宿夷鄅【亭】。
庚午宿盈夷鄉。
辛未野亭。
壬申到臨沅。
癸巳臨沅留。
甲戌臨沅留。
乙亥臨沅留。
五月丙子水大留。
丁丑留。

戊寅留。
乙卯留。
庚辰出之□監鄉。
辛巳復之臨沅。
甲申宿夷鄉。
【乙酉】□
【丙戌】□□□
丁【亥】留。
戊【子】留。
【己丑】……
【庚寅】□□
【辛卯】□□
壬【辰】沅□

癸巳□
甲午
【乙】未
【丙申】
【丁酉】
【戊】戌
【己亥】
【庚子】
【辛】丑
【壬寅】
【癸卯】
【甲辰】
【六月己巳】

【丙午】9-2287a
【丁未】
【戊申】
【己酉】
【庚戌】
【辛亥】
【壬子】
【癸丑】
【甲寅】
【乙卯】
【丙辰】
【丁巳】
【戊】午

【己未】
【庚申】
【辛酉】
【壬戌】
【癸亥】
甲【子】
乙丑
【丙】寅
【丁卯】
【戊辰】
【己巳】
【庚午】
【辛未】

【壬申】
【癸酉】
【甲戌】
七月乙亥
丙子
丁丑
戊寅
己卯
庚辰
辛【巳】
壬午
癸未
甲申 9-2287b

9-2294 綴合至 8-145

錦一丈五尺八寸，度給縣用足。
縵三百廿五丈三尺四寸半寸，度給縣不足三百卅八丈。
白布四百三丈六尺九寸，度給用不足四百一十一丈。
大枲卅六石廿四斤二兩廿二朱（銖），度給縣用不足百五十五石。
錦帷二堵度給縣用足。（第一欄）
縑帷一堵度給縣用足。
租（組）纓一度給縣用足。
絡袍二度給縣用足。
襦袍二度給縣用足。
布帷一堵度給縣用足。（第二欄）

縵帷二堵，度給
縣用足。
絡錦八尺六寸。（第三欄） 9-2296

行此書者毋留。
書二月乙亥旦食起詣廷。 9-2301

9-2305 綴合至 8-145

都鄉黔首毋濮人、楊人、臾人。☑ 9-2307

卅三年六月庚子朔丁巳，守武爰書：高里士五（伍）吾武自言謁豤（墾）草田六畝
武門外，能恒籍以爲田。典縵占。 9-2350a

九月丁巳，田守武敢言之：上黔首貇（墾）草一牒。敢言之。銜手。

九月丁巳日，水十一刻下四，佐銜以來。□發。 9-2350b

【廿】八年三月庚申，啓陵鄉趙爰書：士五（伍）朐忍□蒤居臺告曰：居貣署酉陽，傳送，牽遷陵拔乘馬一匹，駠，牡，兩鼻删，取左右耳前後各一所，名曰犯難。行到暴詔（A）谿反（坂）上，去谿可八十步，馬不能上，即隨（墮）。今死，敢告。鄉趙、令史辰、佐見即居臺雜診犯難。死在暴詔谿中，西首，右臥，□傷其右□下一所。它如居臺告。•即以死（A）馬屬居臺。

【三月】庚申，啓陵鄉趙敢言之：上診一牒。敢言之。見手。 9-2352a

三【月戊】辰，遷陵守丞膻之告田主聽【書從】事，當見以律令負。朝手。即水下七刻，居臺行。（A）

三月乙丑日中時，高里士五（伍）敝以來以來。□□。 見手。 9-2352b

第十層

貳春鄉畜員。
牝彘一。
豮一。
豭一。（第一欄）
牝犬一。
牡犬一。
雌雞五。
雄雞一。（第二欄）　10-4

☑□

☑□（第一欄）

凡□□□□

爲官佐六歲。

爲縣令佐一歲十二日。

爲縣斗食四歲五月廿四日。

爲縣司空有秩乘車歲八月廿二日。

守遷陵丞六月廿七日。

凡【十】五歲九月廿五日。【凡】功三，三歲九月九月廿五日。（第二欄）

□□鄉廿二年□□

□功二

□勞〈功〉四，三歲九月廿五【日】。

·□凡功六，三歲九月廿五日。

□□遷陵六月廿七日，定□□八月廿日。

□□可□屬洞庭。

□五十歲居內史七歲□□。（第三欄） 10-15

司空徒□□薪未□☒ 10-184

司□□□□☒ 10-189

弩百七十九· ☒ 10-497

鬼薪蒼輸鐵官，廿八年三月丙辰斷戍午行。 10-673

☒ 毋龍亭到□☒

☒ 申亭到□☒ 10-954

☐月甲戌，遷陵稟司馬丞☐　10-1021

追。　今以辟書案致其籍。•平昌□☐　10-1119a

一人織。☐　10-1119b

卅三年十月甲辰朔己巳，貳春鄉守福爰書：東成夫年自言以小奴處予子同里小上造辨。典朝占。

福手。　10-1157

卅四年十二月倉徒簿最。

大隸臣積九百九十人。

小隸臣積五百一十人。

大隸妾積二千八百七十六。

·凡積四千三百七十六。
其男四百廿人吏養。
男廿六人與庫武上省。（第一欄）
男七十二人牢司寇。
男卅人輸鐵官未報。
男十六人與吏上計。
男四人守囚。
男十人養牛。
男卅人廷守府。
男卅人會逮它縣。
男卅人與吏勇具獄。（第二欄）
男百五十人居貲司空。
男九十人毄（繫）城旦。

男卅人爲除道通食。
男十八人行書守府。
男卅四人庫工。
·小男三百卅人吏走。
男卅人廷走。
男九十人亡。（第三欄）
男卅人付司空。
男卅人與史謝具獄。
·女五百一十人付田官。
女六百六十人助門淺。
女卌四人助田官獲。
女百卌五人毄（繫）舂。
女三百六十人付司空。

女二百七十人居貲司空。（第四欄）

女六十人行書廷。

女九十人求菌。

女六十人會逮它縣。

女九十人居貲臨沅。

女十六人輸服（箙）弓。

女卌四人市工用。

女卅三人作務。（第五欄）

女卌四人付貳春。

女六人取薪。

女廿九人與少內段買徒衣。

女卅人與庫佐午取桼（漆）。

女卅六人付畜官。

女卌九人與史武輸鳥。

女六十人付啓陵。（第六欄）

女卅人牧鴈。

女卌人爲除道通食。

女卅人居貲無陽。

女廿三人與吏上計。

女七人行書酉陽。

女卅人守船。

女卅人付庫。（第七欄） 10-1170

☑司空守赤受少內守☑ 10-1347

☑言守府敢言之 10-1546

何　有☒　10-1594a

杜□令人☒　10-1594b

☒下泰守令☒

☒□疏書所☒　10-1595a

☒　陽　10-1595b

☒還廿九年☒

☒□□賊殺☒　10-1596a

☒戊戌水十一☒　10-1596b

第十一層

☐敢言之。洞庭監御史☐ 11-34

第十二層

☐金，倉徒悉采錫，徒盡毋遣也。 12-3

廿六年六月癸丑，遷陵拔訊榬蠻、衾☐ 12-10a

鞫之：越人以城邑反，蠻、衾、害弗智（知）☐ 12-10b

☐李廣□□客，皙色，長可七尺，年卅歲，衣褌☐ 12-140

☐敢言之。遣佐□（未識字）將徒遣采錫，蒼☐ 12-447a

☐　書御它志實□在中官☐ 12-447b

☐□□遷陵守□□☐

☐□□□□□□☐　12-566

後年，洞庭食少，縣或取□☐　12-682

洞庭卒長官在遷陵□　12-691

☐大隸妾宛六☐　12-730

廿七年六月乙亥朔壬午，貳春鄉窯敢言之：貳春
津當用船一艘。•今以旦遣佐頹受謁令官叚（假），
謁報。敢言之。　12-849a
六月丁亥，遷陵丞歐告司空主以律令從事。報之。釦手。

丁亥日中，佐頹行。
六月丁亥，水下三刻，佐頹以來。釦半。頹手。　12-849b

遷陵主⿰言复。發洞庭。　☐　12-851

私進令史相柏。　12-853

上御史爲羣□□發☐　12-877

敢告尉謂鄉官嗇夫，令書曰公大夫張□☐　12-1178

☐受貳春鄉粟米十石，以稟卒追□☐　12-1409

書二封，酉陽丞印，詣遷陵，以☒ 12-1470

及令它縣當輸粟遷陵□□□ 12-1516

卅二年九月丁酉日中，都郵人士五（伍）高里辰行□☒ 12-1527

廿九年後九月辛酉朔丙寅，倉□敢言之：洞庭發弩【丞】☒
今延盜，論貲一盾，以九月庚申居貲。謁告發弩丞□□□□☒
後九月己巳，遷陵□□敢☒ 12-1780a
……
戊寅日入，隸臣庳以來。□半。 12-1780b

卅三年正月壬申朔戊戌，洞庭叚（假）守□謂縣嗇夫：廿八年以來，縣所以令糴粟固

各有數而上見。或別署，或弗□，以書到時亟各上所糴粟數後上見存，
署見左方曰若干石斗不居見，□署主倉發，它如律令。縣一書，·以臨
沅印行事。
二月壬寅朔甲子，洞庭叚（假）守齰追，縣亟上勿留。卲手。·以上衍印行事。 12-1784a
三月丙戌日中，郵人纏以來。□發。 歇手。 12-1784b

12-1786綴合至8-2260

【書】一封，酉陽丞印，詣遷陵，以郵行。
【卅】年十月丙戌水十一刻刻下八，起酉陽。
【十】月己丑水十一刻刻下一，過啓陵鄉。 12-1798
書一封，酉陽丞印，詣遷陵，以郵行。

【廿】八年二月癸酉，水十一刻刻下五，起酉陽廷。
二月丙子，水下九刻，過啓陵鄉。 12-1799

九九八十一。
八九七十二。
七九六十三。
六九五十四。
五九卌五。
四九卅六。
三九廿七。
二九十八。（第一欄）
八八六十四。
七八五十六。

六八卌八。
五八卌。
四八卅二。
三八廿四。
二八十六。（第二欄）
七七卌九。
六七卌二。
五七卅五。
四七廿八。
三七廿一。
二七十四。（第三欄）
六六卅六。
五六卅。
四六【廿四】。
三六十八。
二六十二。（第四欄）
五五廿五。
四五廿。
三五十五。
二五而十。
四四十六。
三四十二。（第五欄）
二四而八。
三三而九。
二參而六。
二二而四。

一一而二。
二半而一。（第六欄）　12-2130a+12-2131a+16-1335a
九九八十一。
八九七十二。
七九六十三。
六九五十四。
五九卌五。
四九卅六。
三九廿七。（第一欄）
二九十八。
八八六十四。
七八五十六。
六八卌八。

五八卌。
四八卅二。
三八廿四。
二八十六。（第二欄）
七七卌九。
六七卌二。
五七卅五。
四七廿八。
三七廿一。
二七十四。
六六卅六。
五六卅。（第三欄）
【四六】廿四。

【三】六十八。
二六十二。
五五廿五。
【四】五廿。
【三】五十五。
【二】五而十。
【四】四十六。
【三】四十二。（第四欄）
二四而八。
三三而九。
二三而六。
二二而四。
一一而二。

二半而一。

·凡千一百一十三。（第五欄） 12-2130b+12-2131b+16-1335b

錢三百六十。卅二年九月甲戌朔丁酉，少內殷、佐處出稟家爲占入錢，居縣受，償署所均佐臨

邛公卒奇里呂吾卅二年冬夏衣。（A） 12-2301

第十四層

☐鹽四分升一以祠先農　14-4

卅二年三月丁丑朔丙申，倉是、佐狗雜出祠先農餘徹羊頭一、足四，賣于城旦赫，所取錢四☐　14-300+14-764

廷吏曹【發】。　14-308

卅二年三月丁丑朔丙申，倉是、佐狗雜出祠【先農餘】徹　14-375

其餘船吏皆復以繇（繇）使，采赤金。　14-469

☐令酉陽論☐ 14-621

馬以傳食，人疾及留不行日移索（索），索（索）集報參川都水薄（簿）留日 14-638

卅二年三月丁丑朔丙申，倉是、佐狗出牂祠先農 14-639+14-672

卅二年三月丁丑朔丙申，倉是、佐狗出祠農餘徹豚肉半斗賣于城旦赫，取錢四。令史尚視平。狗手。（A） 14-649+14-679

14-672 綴合至 14-639

卅二年三月丁丑朔丙申，倉是、佐狗出黍米四斗以祠先農。 14-656+15-434

14-679 綴合至 14-649

卅二年三月丁丑朔丙申，倉是、佐狗雜出祠先農餘☐ 14-685

卅二年三月丁丑朔丙申，倉是、佐狗雜出祠先農餘徹酒一斗半斗，賣于城☐ 14-698

14-764 綴合至 14-300

廿六年十一月辛丑，遷陵☐ 14-831a

・鞫之：試以城邑反，亡奔☐ 14-831b

☐洞☐ 14-947a

☐庭署☐ 14-947b

當騰騰。書到爲報，敢告主☐
敢告州陵……☐ 14-948a

四 14-948b

第十五層

廿六年端月己丑，上軴鄉爰書☒
人黑色，年可六月，六尺九寸☒
端月甲戌，上□鄉奚敢言之☒
二月癸丑，新武陵丞赾敢告☒　15-259

第十六層

☐洞庭泰守府
☐時，守府快以來。　16-1

卅年三月己未，平邑鄉涇下佐昌與平邑故鄉守士五（伍）泉中克、佐淫童、思☐
不備十三真〈直〉錢百九十五，負童分錢卅八　☐　16-2

尉曹書二封丞印。　☐
一封詣零陽。　☐
一封詣昆陽邑。（第一欄）
九月己亥水下八，走印以☐（第二欄）　16-3

廿七年二月丙子朔庚寅，洞庭守禮謂縣嗇夫卒史嘉、叚（假）卒史穀、屬尉。令曰：傳送委
輸，必先悉行（A）
城旦舂、隸臣妾、居貲贖責（債）；急事不可留，乃興繇（繇）。今洞庭兵輸內史及巴、南
郡、蒼（A）
梧，輸甲兵當傳者多節傳之。必先悉行乘城卒、隸臣妾、城旦舂、鬼薪、白粲、居貲贖
責（債）、司寇、隱官、踐更縣者。田時殹，不欲興黔首。嘉、穀、尉各謹案所部縣卒、徒隸
居、（A）
貲贖責（債）、司寇、隱官、踐更縣者簿，有可令傳甲兵，縣弗令傳之而興黔首，興黔首可
省少弗省少而多興者，輒劾移縣，縣亟以律令具論。當坐者言名夬（決）泰守府，嘉、
穀、尉在所縣上書。嘉、穀、尉令人日夜端行，它如律令。 **16-5a**
三月丙辰，遷陵丞歐敢告尉、告鄉、司空、倉主，前書已下，重聽書從事。尉
別都鄉、司空，司空傳倉；都鄉別啓陵、貳春，皆勿留脫，它如律

令。釦手。丙辰水下四刻，隸臣尚行。

三月癸丑水下盡，巫陽陵士五（伍）匄以來。邪手。

二月癸卯水十一刻刻下九，求盜簪裹陽成辰以來。弱半。如手。　16-5b

【廿七】年二月丙子朔庚寅，洞庭守禮謂縣嗇夫、卒史嘉、叚（假）卒史穀、屬尉。令曰：傳

送委（A）

【輸】，必先悉行城旦舂、隸臣妾、居貲贖責（債），急事不可留，乃興繇（繇）。今洞庭兵

輸內史及巴、（A）

南郡、蒼梧，輸甲兵當傳者多節傳之。必先悉行乘城卒、隸臣妾、城旦舂、鬼薪、白粲、居

貲贖責（債）、司寇、隱官、踐更縣者。田時殹，不欲興黔首。嘉、穀、尉各謹案所部縣卒、

徒隸、居（A）

貲贖責（債）、司寇、隱官、踐更縣者簿，有可令傳甲兵，縣弗令傳之而興黔首，興黔首可省

少弗省少而多興者，輒劾移縣，亟以律令具論。當坐者，言名夬（決）泰守府，嘉、

穀、尉在所縣上書。嘉、穀、尉令人日夜端行，它如律令。　16-6a

三月庚戌，遷陵守丞敦狐敢告尉、告鄉、司空、倉主聽書從事。尉別都鄉、司空，司空傳倉；都鄉別啓陵、貳春皆勿留脫，它如律令。釦手。庚戌水下六刻，走祒行尉。

三月戊午，遷陵丞歐敢言之：寫上。敢言之。釦手。己未旦，令史犯行。

三月戊申夕，士五（伍）巫下里聞令以來。慶半。如手。　16-6b

【廿】六年五月辛巳朔庚子，啓陵鄉庫敢言之。都鄉守嘉言：渚里不▨劾等十七戶徙都鄉，皆不移年籍。令曰：移言。•今問之劾等徙▨書，告都鄉曰啓陵鄉未有枼（牒），毋以智（知）劾等初產至今年數▨【皆自占】，謁令都鄉自問劾等年數。敢言之。▨　16-9a

□□遷陵守丞敦狐告都鄉主以律令從事。逐手。即▨

甲辰，水十一刻下者十刻，不更成里午以來。貄半▨　16-9b

☐【里】
☐【里】
☐里
☐六十四里　（第一欄）
鄢到銷百八十四里。
銷到江陵三百卌六里。
江陵到孱陵百一十里。
孱陵到索（索）二百九十五里。
索（索）到臨沅六十里。
臨沅到遷陵九百一十里。
☐☐千四百卌四里。（第二欄）　16-52

☐賈里爲縣將采赤金。　16-223

卅年、卅一年工用
計已事。廿九
年、卅年
計籍志，副
具此中　16-752

鄢覆衣用丞相叚（假）
史產治所。　16-886a
氏　16-886b

私詣獄史大夫存者

自發。　16-1010

受孱陵桼園☐　16-1105

貳春鄉。☐16-1163a

司空主器發。☐　16-1163b

16-1335綴合至12-2130

☐書酉陽今

☐告酉陽以次　16-2022a

☐史可論言夬（決）☐

☐隸臣起行

☐痤手。　16-2022b

廿八年七月戊戌朔朔日，遷☐

佐史日備歸者，恒會八☐

□令者，敢言之。　16-2032a

□□酉陽遷陵拔敢言之。

水下三刻，隸臣□行□☐　16-2032b

稟小隸臣于☐　16-2063

☐　啓陵鄉☐　16-2064a

☐上者移夬（決）遷☐　16-2064b

……　16-2065a

☐□敢　16-2065b

卅四年後九月壬辰☐

卯移貳春鄉黔【首】☐

□□□月盡其一☐

☐□□□☐　16-2133

第十七層

□陽到頓丘百八十四里。▨

頓丘到虛百卌六里。▨

虛到衍氏百九十五里。▨

衍氏到啓封三百五里。▨

啓封到長武九十三里。▨

長武到焉陵八十□里。▨

鄢陵到許九十八里。▨ 17-14a

・泰凡七千七百廿三里。 17-14b

其他

南里戸人不更□得。（第一欄）
妻曰嗛。（第二欄）
小子上造台。
小子上造甯。
小子上造定。（第三欄）
子小女虖。
子小女移。
子小女平。（第四欄）
五（伍）長。（第五欄）　K1/25/50

南陽戸人荊不更宋午。
弟不更熊。
弟不更衛。（第一欄）
熊妻曰□□
衛妻曰有。（第二欄）
子小上【造】傳。
【子小上】造逐。
【子】小上造□。
熊子小上造剽。（第三欄）
熊子【小女子】阿。（第四欄）

臣曰⿰衤巂。（第五欄） K2/23

南陽戶人荊不更鄭不實。（第一欄）
妻曰有。（第二欄）
子小上造虒。☐（第三欄） K48

南陽戶人荊不更繇喜。
子不更衍。（第一欄）
妻大女子媐。
隸大女子華。（第二欄）
子小上造章。
子小上造狖。（第三欄）
子小女子趙。☐
子小女子見。☐（第四欄） K49

簡首塗墨簡支統計表

《里耶秦簡（壹）》、《里耶秦簡博物館藏秦簡》所著錄的里耶秦簡中，部分簡支簡首塗墨，爲便於學者查找，現將此類簡牘相關信息羅列於下：

序號	簡號	簡首形制	說明
1	8-9	方首	
2	8-16	圓首	
3	8-19	未知	簡首部分殘缺
4	8-35	方首	
5	8-65背	方首	
6	8-94	圓首	
7	8-122	方首	

續　表

序　號	簡　號	簡首形制	說　明
8	8-153	方首	
9	8-214	圓首	
10	8-253	方首	
11	8-284	圓首	
12	8-285	圓首	
13	8-300	方首	
14	8-306	方首	
15	8-318	方首	
16	8-321	方首	
17	8-370	方首	
18	8-419	圓首	簡首部分殘缺

續表

序號	簡號	簡首形制	說明
19	8-429	方首	
20	8-434	方首	
21	8-454	方首	
22	8-496	圓首	簡首部分殘缺
23	8-500	圓首	
24	8-502	圓首	
25	8-531	圓首	簡首部分殘缺
26	8-584	方首	
27	8-589	方首	
28	8-597	方首	
29	8-621	圓首	簡首部分殘缺

續表

序號	簡號	簡首形制	說明
30	8-776	圓首	
31	8-777	圓首	
32	8-906	圓首	
33	8-929	方首	
34	8-1023	方首	
35	8-1142	方首	
36	8-1147	方首	
37	8-1200 正	圓首	
38	8-1201	圓首	
39	8-1234	方首	
40	8-1242 正	方首	

續表

序號	簡號	簡首形制	說明
41	8-1270	方首	
42	8-1272	方首	
43	8-1428	圓首	
44	8-1536	圓首	簡支右側殘缺
45	8-1556正	方首	
46	8-1592	方首	
47	8-1624正	方首	
48	8-1628正	方首	
49	8-1631	方首	
50	8-1661	方首	
51	8-1728	方首	

續表

序號	簡號	簡首形制	說明
52	8-1775	圓首	
53	8-1776	圓首	簡支左側殘缺
54	8-1777	圓首	簡支右側殘缺
55	8-1835	方首	
56	8-1846	方首	
57	8-1860	方首	
58	8-1868	圓首	簡支左側殘缺
59	8-1874	圓首	簡支左側殘缺
60	8-1902	方首	
61	8-1931	圓首	簡支部分殘缺
62	8-2037正	方首	

續表

序號	簡號	簡首形制	說明
63	8-2261	方首	
64	8-2547	方首	
65	7-14	方首	
66	9-24	方首	
67	9-26	圓首	
68	9-1130	圓首	
69	9-1131	圓首	
70	10-1170	方首	
71	16-752	圓首	

參考文獻

專　著

C

陳　偉主編　《里耶秦簡牘校釋（第一卷）》[M]，武漢：武漢大學出版社，2012年1月

陳　偉主編　《秦簡牘合集》[M]，武漢：武漢大學出版社，2014年12月

陳振裕、劉信芳　《睡虎地秦簡文字編》[M]，武漢：湖北人民出版社，1993年12月

D

段玉裁　《説文解字注》[M]，北京：中華書局，2013年7月

董蓮池　《説文解字考證》[M]，北京：作家出版社，2004年12月

F

方　勇　《秦簡牘文字編》[M]，福州：福建人民出版社，2012年12月

G

高亨編著、董治安整理　《古字通假會典》[M]，濟南：齊魯書社，1989年7月

郭錫良編著　《漢字古音手冊（增訂本）》[M]，北京：商務印書館，2010年8月

H

湖南省文物考古研究所　《里耶發掘報告》[M]，長沙：嶽麓書社，2007年1月

湖南省文物考古研究所　《里耶秦簡（壹）》[M]，北京：文物出版社，2012年1月

湖南省文物局　《湖南簡牘名跡》[M]，長沙：湖南美術出版社，2012年1月

L

里耶秦簡博物館、出土文獻與中國古代文明研究協同創新中心中國人民大學中心編著　《里耶秦簡博物館藏秦簡》[M]，上海：中西書局，2016年6月

S

宋少華、張春龍、鄭曙斌、黃樸華編著　《湖南出土簡牘選編》[M]，長沙：岳麓書社，2013年6月

W

王　輝編著　《古文字通假字典》[M]，北京：中華書局，2008年2月

王　輝主編　《秦文字編》[M]，北京：中華書局，2015年4月

王　輝、陳昭容、王　偉　《秦文字通論》[M]，北京：中華書局，2016年1月

王焕林　《里耶秦簡校詁》[M]，北京：中國文聯出版社，2007年9月

X

[日]西林昭一編集　《簡牘名跡選1·湖南篇（一）·里耶秦簡》[M]，東京：二玄社，2009年5月

許　慎著、徐　鉉校訂　《説文解字》[M]，北京：中華書局，1963年1月

論　文

C

陳　劍　《讀秦漢簡札記三篇》[EB/OL]，復旦大學出土文獻與古文字研究中心網站，http://www，gwz，fudan，edu，cn/SrcShow，asp? Src_ID=1518，2011年6月4日

陳松長　《湘西里耶秦代簡牘選釋校讀（八則）》[C]，《簡牘學研究》第四輯，蘭州：甘肅人民出版社，2004年12月

陳　偉　《里耶秦簡中的「夬」》[EB/OL]，簡帛網，http://www.bsm.org.cn/show_article.php?id=1916，2013年9月26日

陳　偉　《里耶秦簡釋字（二則）》[EB/OL]，簡帛網，http://www.bsm.org.cn/show_article.php?id=1917，2013年9月27日

蔡萬進　《里耶秦簡研讀三題》[J]，《湖南大學學報（社會科學版）》，2007年第3期

F

凡國棟　《里耶秦簡研究目錄》[EB/OL]，簡帛網，http://www.bsm.org.cn/show_article.php?id=527，2007年2月24日

凡國棟　《里耶秦簡研究回顧與前瞻》[C]，《簡帛》第四輯，上海：上海古籍出版社，2009年10月

方　勇　《讀〈里耶秦簡（壹）〉劄記（一）》[EB/OL]，簡帛網，http://www.bsm.org.cn/show_

article.php? id=1677，2012年4月28日

方　勇　《讀〈里耶秦簡（壹）〉札記（二）》[EB/OL]，簡帛網，http://www.bsm.org.cn/show_article.php? id=1690，2012年5月11日

方　勇　《讀〈里耶秦簡（壹）〉札記（三）》[EB/OL]，簡帛網，http://www.bsm.org.cn/show_article.php? id=1699，2012年5月21日

方　勇　《讀里耶秦簡札記一則》[EB/OL]，簡帛網，http://www.bsm.org.cn/show_article.php? id=1998，2014年3月14日

方　勇　《讀里耶秦簡醫藥簡札記一則》[EB/OL]，簡帛網，http://www.bsm.org.cn/show_article.php? id=2136，2015年1月19日

方　勇　《讀里耶秦簡札記六則》[EB/OL]，簡帛網，http://www.bsm.org.cn/show_article.php? id=2353，2015年11月3日

G

郭　濤　《也説〈里耶秦簡（一）〉之「踐陵」》[EB/OL]，簡帛網，http://www.bsm.org.cn/show_

article.php? id=1688，2012年5月10日

高一致　《〈里耶秦簡（壹）〉校釋四則》[C]，《簡帛》第八輯，上海：上海古籍出版社，2013年10月

H

賀靚艷、宋　超、蔡萬進　《〈里耶秦簡（壹）〉釋文校補一則》[EB/OL]，簡帛網，http://www.bsm.org.cn/show_article.php? id=1682，2012年5月3日

湖南省文物考古研究所、湘西土家族苗族自治州文物處、龍山縣文物管理所　《湖南龍山里耶戰國——秦代古城一號井發掘簡報》[J]，《文物》，2003年第1期

湖南省文物考古研究所、湘西土家族苗族自治州文物處　《湘西里耶秦代簡牘選釋》[J]，《中國歷史文物》，2003年第1期

湖南省文物考古研究所　《湖南龍山縣里耶戰國秦漢城址及秦代簡牘》[J]，《考古》，2003年第7期

胡平生　《讀里耶秦簡劄記》[C]，《簡牘學研究》第四輯，蘭州：甘肅人民出版社，2004年12

月
何有祖《里耶秦簡牘綴合（七則）》[EB/OL]，簡帛網，http://www.bsm.org.cn/show_article.php?id=1679，2012年5月1日
何有祖《里耶秦簡牘綴合（二）》[EB/OL]，簡帛網，http://www.bsm.org.cn/show_article.php?id=1695，2012年5月14日
何有祖《里耶秦簡牘綴合（三）》[EB/OL]，簡帛網，http://www.bsm.org.cn/show_article.php?id=1697，2012年5月17日
何有祖《里耶秦簡牘綴合（四）》[EB/OL]，簡帛網，http://www.bsm.org.cn/show_article.php?id=1700，2012年5月21日
何有祖《里耶秦簡牘綴合（五）》[EB/OL]，簡帛網，http://www.bsm.org.cn/show_article.php?id=1704，2012年5月26日
何有祖《里耶秦簡牘綴合（六）》[EB/OL]，簡帛網，http://www.bsm.org.cn/show_article.php?id=1708，2012年6月4日

何有祖　《里耶秦簡牘綴合（七）》[EB/OL]，簡帛網，http://www.bsm.org.cn/show_article.php?id=1712，2012年6月25日

何有祖　《里耶秦簡牘綴合（二則）》[EB/OL]，簡帛網，http://www.bsm.org.cn/show_article.php?id=1723，2012年7月30日

何有祖　《里耶秦簡牘綴合（六則）》[EB/OL]，簡帛網，http://www.bsm.org.cn/show_article.php?id=1765，2012年12月24日

何有祖　《里耶秦簡牘綴合（八則）》[EB/OL]，簡帛網，http://www.bsm.org.cn/show_article.php?id=1852，2013年5月17日

何有祖　《里耶秦簡牘綴合（三則）》[EB/OL]，簡帛網，http://www.bsm.org.cn/show_article.php?id=1865，2013年7月12日

何有祖　《里耶秦簡牘綴合（四則）》[EB/OL]，簡帛網，http://www.bsm.org.cn/show_article.php?id=1920，2013年10月4日

何有祖　《里耶秦簡牘綴合（八）》[EB/OL]，簡帛網，http://www.bsm.org.cn/show_article.php?

id=1988，14年2月12日
何有祖　《釋里耶秦簡牘「炭」字》[EB/OL]，簡帛網，http://www，bsm，org，cn/show_article，php? id=2076，2014年9月16日
何有祖　《新見里耶秦簡牘資料選校（一）》[C]，《簡帛》第十輯，上海：上海古籍出版社，2015年5月
何有祖　《讀里耶秦簡札記（一）》[EB/OL]，簡帛網，http://www.bsm.org.cn/show_article.php? id=2261，2015年6月17日
何有祖　《讀里耶秦簡札記（二）》[EB/OL]，簡帛網，http://www.bsm.org.cn/show_article.php? id=2265，2015年6月23日
何有祖　《讀里耶秦簡札記（三）》[EB/OL]，簡帛網，http://www.bsm.org.cn/show_article.php? id=2267，2015年7月1日
何有祖　《讀里耶秦簡札記（四）》[EB/OL]，簡帛網，http://www.bsm.org.cn/show_article.php? id=2271，2015年7月8日

何有祖《讀里耶秦簡札記（五）》[EB/OL]，簡帛網，http://www.bsm.org.cn/show_article.php?id=2273，2015年7月15日

何有祖《讀里耶秦簡札記（六）》[EB/OL]，簡帛網，http://www.bsm.org.cn/show_article.php?id=2290，2015年8月16日

何有祖《讀里耶秦簡札記（七）》[EB/OL]，簡帛網，http://www.bsm.org.cn/show_article.php?id=2330，2015年10月27日

何有祖《里耶秦簡牘綴合（九）》[EB/OL]，簡帛網，http://www.bsm.org.cn/show_article.php?id=2366，2015年11月23日

何有祖《讀里耶秦簡札記（八）》[EB/OL]，簡帛網，http://www.bsm.org.cn/show_article.php?id=2566，2016年6月2日

何有祖《里耶秦簡牘綴合（十）》[EB/OL]，簡帛網，http://www.bsm.org.cn/show_article.php?id=2575，2016年6月10日

何有祖《里耶秦簡 15-259 號簡補釋》[EB/OL]，簡帛網，http://www.bsm.org.cn/show_article.php?

id=2608，2016年8月20日
何有祖　《里耶秦簡14-469、14-638號簡補釋》[EB/OL]，簡帛網，http://www.bsm.org.cn/show_article.php? id=2610，2016年8月21日
何有祖　《里耶秦簡 9-14 號簡補釋》[EB/OL]，簡帛網，http://www.bsm.org.cn/show_article.php? id=2615，2016年8月24日
韓織陽　《〈里耶秦簡（壹）〉文字補議》[C]，《簡帛》第十三輯，上海：上海古籍出版社，2016年11月

J

姜　慧　《秦簡校讀札記二則》[C]，《中國文字研究》第二十四輯，上海：上海書店出版社，2016年12月
蔣偉男　《讀里耶秦簡（壹）札記三則》[EB/OL]，簡帛網，http://www.bsm.org.cn/show_article.php? id=2127，2015年1月9日
蔣偉男　《〈里耶秦簡（壹）〉文字補釋二則》[C]，《簡帛》第十二輯，上海：上海古籍出版

社，2016年5月

L

雷海龍　《里耶秦簡試綴五則》[C]，《簡帛》第九輯，上海：上海古籍出版社，2014年10月

魯家亮　《新見里耶秦簡牘資料選校（二）》[C]，《簡帛》第十輯，上海：上海古籍出版社，2015年5月

劉建民　《讀〈里耶秦簡（壹）〉醫方簡札記》[C]，《簡帛》第十一輯，2015年11月

李洪財　《秦簡牘「從人」考》[J]，《文物》，2016年第12期

李蘭芳　《里耶秦簡所見秦遷陵一帶的農作物》[J]，《中國農史》，2017年第2期

劉樂賢　《里耶簡中的「遷陵公」及相關問題》[C]，《古文字研究》第三十輯，北京：中華書局，2014年9月

劉　平、雷海龍　《里耶秦簡綴合一則》[EB/OL]，簡帛網，http://www.bsm.org.cn/show_article.php?id=2014，2014年4月26日

劉　瑞　《里耶古城J1埋藏過程試探》[C]，《里耶古城·秦簡與秦文化研究》，北京：科學出

版社，2009年10月

李學勤　《初讀里耶秦簡》[J]，《文物》，2003年第1期

李　園　《秦漢習字簡研究》[J]，《古籍整理研究學刊》，2017年第1期

里耶秦簡牘校釋小組　《新見里耶秦簡牘資料選校（三）》[EB/OL]，簡帛網，http://www.bsm.org.cn/show_article.php? id=2279，2015年8月7日

M

馬　怡　《秦簡所見貲錢與贖錢——以里耶秦簡「陽陵卒」文書爲中心》[C]，《簡帛》第八輯，上海：上海古籍出版社，2013年10月

馬　怡　《里耶秦簡選校》[C]，《中國社會科學院歷史研究所學刊》第四集，北京：商務印書館，2007年8月

S

單育辰　《秦簡「柀」字釋義》[J]，《江漢考古》，2007年第4期

W

王煥林 《湘西里耶秦簡選釋補正》[J]，《中國歷史文物》，2006年第4期

王煥林 《里耶秦簡叢考》[J]，《吉首大學學報（社會科學版）》，2005年第4期

X

謝 坤 《〈里耶秦簡（壹）〉試綴三則》[EB/OL]，簡帛網，http://www.bsm.org.cn/show_article.php? id=2153，2015年2月8日

謝 坤 《〈里耶秦簡（壹）〉綴合四則》[C]，《簡帛》第十二輯，上海：上海古籍出版社，2016年5月

謝 坤 《里耶秦簡（壹）校讀札記》[C]，《中國文字研究》第二十三輯，上海：上海書店出版社，2016年6月

謝 坤 《讀〈里耶秦簡（壹）〉札記（一）》[EB/OL]，簡帛網，http://www.bsm.org.cn/show_article.php? id=2266，2015年6月29日

謝 坤 《〈里耶秦簡（壹）〉綴合（四）》[EB/OL]，簡帛網，http://www.bsm.org.cn/show_article.php? id=2667，2016年11月18日

謝　坤　《〈里耶秦簡（壹）〉札記（三）》[EB/OL]，簡帛網，http://www.bsm.org.cn/show_article.php? id=2689，2016年12月28日

謝　坤　《里耶秦簡所見逃亡現象——從「繚可逃亡」文書的復原説起》[J]，《古代文明》，2017年第1期

許　可　《上博九〈成王爲城濮之行〉「尋（从攵）」字申説》[EB/OL]，簡帛網，http://www.bsm.org.cn/show_article.php? id=2129，2015年1月9日

邢義田　《「手、半」、「曰啎曰荆」與「遷陵公」——里耶秦簡初讀之一》[EB/OL]，簡帛網，http://www.bsm.org.cn/show_article.php? id=1685，2012年5月7日

Y

姚　磊　《讀〈里耶秦簡（壹）〉札記（一）》[EB/OL]，簡帛網，http://www.bsm.org.cn/show_article.php? id=2292，2015年8月19日

姚　磊　《讀〈里耶秦簡（壹）〉札記（二）》[EB/OL]，簡帛網，http://www.bsm.org.cn/show_article.php? id=2311，2015年9月15日

姚　磊　讀《里耶秦簡牘札記（三則）》[C]，《簡帛》第十二輯，上海：上海古籍出版社，2016年5月

伊　強　《〈里耶秦簡牘校釋（第一卷）〉補正（3）》[EB/OL]，簡帛網，http://www.bsm.org.cn/show_article.php? id=1959，2013年12月5日

伊　強　《〈里耶秦簡牘校釋（第一卷）〉補正（4）》[EB/OL]，簡帛網，http://www.bsm.org.cn/show_article.php? id=1982，2014年1月19日

楊先云　《讀〈里耶秦簡（壹）〉札記二則》[EB/OL]，簡帛網，http://www.bsm.org.cn/show_article.php? id=1943，2013年10月26日

陽先云　《里耶秦簡釋字三則》[EB/OL]，簡帛網，http://www.bsm.org.cn/show_article.php? id=1993，2014年2月27日

游逸飛　《里耶秦簡8—455號木方選釋》[C]，《簡帛》第六輯，上海：上海古籍出版社，2011年10月

游逸飛、陳弘音　《里耶秦簡博物館藏第九屆簡牘釋文校釋》[EB/OL]，簡帛網，http://www.bsm.

org.cn/show_article.php? id=1968，2013年12月22日

Z

張　弛　《里耶秦簡券類文書綴合三則》[C]，《簡帛》第十二輯，上海：上海古籍出版社，2016年5月

張春龍　《里耶秦簡祀先農、祀䆐和祀隄校券》[C]，《簡帛》第二輯，上海：上海古籍出版社，2007年11月

張春龍、龍京沙　《湘西里耶秦簡 8-455 號》[C]，《簡帛》第四輯，上海：上海古籍出版社，2009年10月

趙粲然、李若飛、平曉婧、蔡万進　《里耶秦簡綴合与釋文補正八則》[C]，《魯東大學學報（哲學社會科學版）》，2015年第2期

張　今　《里耶秦簡中的楬》[EB/OL]，簡帛網，http://www.bsm.org.cn/show_article.php? id=2609，2016年8月21日

趙　岩　《里耶秦紀日簡牘劄記》[C]，《簡帛》第八輯，上海：上海古籍出版社，2013年10月

趙　岩　《里耶秦簡札記（十二則）》[C]，《簡帛》第九輯，上海：上海古籍出版社，2014年10月

學位論文

蔣偉男　《〈里耶秦簡（壹）〉文字編》[D]，安徽大學碩士學位論文，2015年
廖　燕　《里耶秦簡通假字、古今字研究》[D]，吉首大學碩士學位論文，2015年

後記

2016年國慶節後，王炘老師通過徐在國師聯繫我，表示願意幫助出版我的碩士畢業論文《〈里耶秦簡（壹）〉文字編》。我自知論文完成的比較粗糙，且自己的學力難以對論文質量進行大的提升，故我當時對出版之事雖有嚮往但卻全無信心。後來黃德寬師、徐在國師都覺得這是一個幫助自我提升學習的好機會，建議我認真考慮此事。在黃、徐二先生及王炘老師的鼓勵之下，我最終接受了他們的建議，擬對論文進行修改增補後出版。

是年十一月份，我開始著手修改的事宜。首先是搜羅有關考釋、綴合成果，校訂釋文。隨後是統計字頭，按《說文》分卷。由於有碩士論文內容的支撑，這兩項工作進展較快。緊接著就是重新掃描圖版，挑選典型辭例、字形並剪切字形圖片。因爲里耶簡很多圖版質量不佳，爲了保證剪切後字形圖片清晰可認，我對所用圖版進行了高分辨率掃描，並用電腦軟件逐個字形剪切。這是一項十分繁瑣、枯燥的任務，每切一個字形前後要經歷十幾步操作、數分鐘的等待。

我因此將一臺舊電腦用到報廢，視力也明顯下降。前後歷時近五個多月，至次年四月這一工作纔算完成。這期間我們還調整返工正編部份內容、撰寫博士論文開題報告等，現在回想仍覺得那段時間真是十分辛苦。

五月份文稿交給出版社，暑假期間我就收到了一校的書稿。一校的問題較多，主要是部份字頭歸部錯誤、簡號錯亂及辭例引用有誤等。至十一月三校結束以後，字編的正文部份始成型。隨後在吸收學界研究成果的基礎之上，我打算做一個完整的里耶簡釋文附在正編之後。在和王炘老師交流之後，他也對此表示支持。自十一月開始，我又在以前所做的釋文基礎之上，盡量研讀有關研究成果，對《〈里耶秦簡（壹）〉》、《里耶秦簡博物館藏秦簡》的釋文加以綴合、校訂。2018年春節前完成了四校，字編也就成了現在的模樣。到最終定稿又經歷了數月，前後歷時共近兩年。

很多經歷其事的先生都感慨，編文字編是一項吃力不討好的工作，一番嘗試之後，我也深有體會。材料的龐大、研究論著的宏富、技術處理的枯燥等等，無疑讓我經受了一項巨大的考驗。雖我盡力爲之，但因一己之陋，自料很多錯漏實難避免。

在這項工作即將收尾之際，我的心情是興奮而又忐忑的。此編雖屬工具之用，但作爲初學者的首書，有機會將自己的勞動呈現給學界，這是一種莫大的鼓勵，我心中的愉快是難以按捺的。然我深知，因自己學識的膚淺、工作的粗疏，貽笑方家在所難免，念此又深感慚愧與惶恐。惟願此書能給相關學者的研究提供丁點便利，而其中出現的錯謬也能得到學人的指正。惟其如此，我那微末的愉快和忐忑才有些許實在的意義。

無論如何，還是要向那些關心此書及幫助過我的老師、同學致以謝意。首先要感謝徐在國師，徐師是我的碩士導師，我的畢業論文《〈里耶秦簡（壹）〉文字編》正是在他的建議和悉心指導下纔得以完成的。沒有碩士論文寫作過程中的訓練和興趣培養，我也就不可能繼續關注里耶簡及相關研究，更不可能有勇氣編纂此編。此次修改出版徐師又給了我很多寶貴的意見，使我避免了很多錯誤。徐師是我學習古文字的啓蒙導師，我在安徽大學學習的這幾年，他給了我無盡的關愛與幫助，我的每一丁點的成長和收穫，都與他的殷切教誨分不開。

感謝我的博士導師黄德寬教授。黄師得知此書有機會出版，給了我很多的鼓勵，在體例編排、辭例選擇等方面提出了很多具體細緻的修改意見，令內容有很大的改進。黄師還將此編

納入他主持的國家社科基金重大招標項目「漢字發展通史」（11&ZD126）的研究體系之中。在指導我學習和博士畢業論文寫作的同時，黄師還一直關心此書的進展，鼓勵我要用心爲之。二位先生的關愛與教誨，是我永遠感戴的。師恩似海，在此我想向二位先生衷心地説一聲感謝！

感謝王炘老師。對我這尚在校的學生而言，出書絕非易事。如沒有王老師的厚愛，我肯定不會有這個機會。王老師專業負責的態度、追求完美的精神令我很受感動。每一次書稿校對，王老師都能指出我的很多疏漏，慚愧之餘也讓我深感幸運，無果沒有這樣的編輯老師，文中的疏誤不知還會多多少。而我因讀書不夠、考慮不週，常常對書稿做一些改動，令他徒增很多工作，對此王先生也總是不厭其煩。衷心感謝王老師！

感謝出版社侯瑋老師。侯老師細心熱情，爲本編的排版付出了很多的心血。安徽大學漢字發展與應用研究中心程燕老師給我提供了很多材料，並一直關心本書的出版情況，這裡特向程老師説一聲感謝。同窗孟良、姚道林、毛玉靜代爲校對了部份書稿，惠我實多，在此一併向他們三位表示感謝。最後還要感謝我的家人，尤其是我的愛人桂潤倩女士。這些年她外要辛勤工作，

內要孝敬父母、教養幼子，十分辛苦。感謝她爲家庭付出的一切。能與她風雨同行是我的幸運。是爲記。

蔣偉男　戊戌正月十二日於問津樓自習室

資 285
貲 300
齎 329
甾 564

zǐ

訾 109
梓 251
秭 336
姊 547
子 647

zì

自 157
字 647

zōng

宗 355

zòng

縱 574

zōu

騶 455

zǒu

走 52

zòu

奏 480

zū

租 334

zú

足 85
族 318
卒 402
歡 418

zǔ

組 580

zuì

最 363
罪 365
辠 645

zuǒ

左 206

zuò

作 379
坐 596

翰 317	徵 393	致 243	zhǒu	助 606
zhǎo	zhèng	質 294	帚 369	鑄 613
沼 507	正 59	郅 305	zhòu	zhuàn
zhào	鄭 304	穉 328	晝 134	傳 382
召 45	zhī	秩 332	胄 177	轉 628
趙 53	支 133	置 366	zhū	zhuāng
詔 102	枝 258	彘 451	諸 97	莊 13
zhé	之 273	志 483	朱 257	zhuàng
讋 110	卮 429	至 525	豬 450	壯 11
輒 626	織 573	阤 633	zhú	狀 458
zhě	⿰糸式 573	zhōng	逐 71	zhuī
者 158	zhí	中 12	竹 197	追 70
zhè	執 479	衷 400	zhǔ	zhuì
柘 254	職 532	忠 485	鬻 125	贅 294
zhēn	直 562	終 577	主 221	zhūn
眞 389	zhǐ	zhǒng	屬 409	屯 13
甄 565	止 54	踵 86	渚 502	zhuō
zhěn	枳 252	zhòng	zhù	拙 542
診 112	⿰衤黹 401	眾 393	翥 162	zhuó
軫 627	指 535	重 394	箸 202	灼 469
zhèn	zhì	zhōu	柱 261	zī
診 112	⿰智亏 159	周 48	杼 263	茲 20
zhēng	制 189	州 514	注 509	齋 218

yòu
右 47
又 126
yú
亏 213
餘 228
俞 411
魚 519
揄 540
輿 626
臾 655
yǔ
與 120
羽 161
予 170
宇 345
雨 517
yù
芋 15
御 79
矞 90
聿 133
郁 304
欲 418
豫 452
獄 465
或 559
yuán
元 2
爰 171
圜 280
園 281
員 284
沅 499
黿 515
援 541
緣 580
yuǎn
遠 72
阮 635
yuàn
苑 23
顒 423
愿 486
yuē
曰 210
約 575
yuè
越 52
說 103
籥 200
樂 264
月 319
閱 532
yún
雲 519
yùn
運 67

Z

zá
雜 401
zài
再 169
在 595
載 627
zāng
臧 136
牂 165
zǎng
駔 455
zào
草 28
造 63
竈 357
燥 470
漕 511
zé
齰 84
責 295
澤 506
擇 538
zéi
賊 558
zēn
兂 414
zēng
曾 35
繒 578
增 597
zhá
札 265
zhǎ
槎 268
zhà
詐 107
zhái
宅 343
zhān
占 150
zhǎn
展 407
斬 629
zhàn
戰 559
zhāng
章 114
鄣 308
張 566
zhàng
丈 91
zhāo
釗 189
昭 314

yáng	
羊	164
楊	252
昜	448
揚	539
陽	632
yǎng	
鞅	124
養	227
卬	390
yàng	
狀	458
恙	491
yāo	
要	121
yáo	
窯	356
繇	569
軺	625
yǎo	
窅	154
yào	
藥	23
要	121
yé	
邪	308
yě	
冶	517
也	556
野	600
yè	
葉	19
謁	96
枼	268
夜	322
裛	402
yī	
一	1
衣	397
壹	478
yí	
台	47
遺	69
移	331
宜	350
夷	475
沂	501
匜	534
疑	649
yǐ	
齮	84
矣	236
倚	378
佁	383
錡	615
轙	627
乙	640
㠯	652
yì	
詣	105
弈	118
異	119
殹	139
役	140
肊	176
益	218
易	452
邑	301
亦	476
意	484
乂	555
弋	556
義	560
繹	572
yīn	
音	114
因	281
殷	396
陰	632
yín	
淫	506
寅	651
yǐn	
㱃	421
隱	634
yìn	
印	431
憖	487
yīng	
應	484
嬰	551
纓	580
yíng	
盈	219
嬴	291
縈	581
yǐng	
楹	250
穎	331
yōng	
庸	151
癰	361
yǒng	
甬	324
yòng	
用	151
yóu	
卣	211
郵	303
游	318
yǒu	
友	131
有	321
羑	437
酉	655

襄 400
xiáng
庠 440
xiàng
缿 235
象 452
xiāo
宵 351
銷 613
xiáo
姣 549
xiǎo
小 33
xiào
芍 17
效 143
斅 150
肖 177
xiē
歇 417
xié
觽 194
偕 376
頡 424
奊 476
挾 537
xiě
寫 351
xiè
謝 105
解 193
xīn
薪 25
欣 417
心 483
新 622
辛 644
xín
鐔 616
xìn
信 101
xīng
興 120
xíng
行 81
㓝 224
娙 549
陘 634
xǐng
省 156
xìng
㚔 477
xióng
雄 163
熊 467
xiū
脩 181
休 269
髤 278
xiù
臭 461
xū
胥 181
虛 393
須 427
需 519
戌 657
xú
徐 77
xǔ
許 97
xù
續 574
畜 605
xuān
宣 344
亘 591
xuán
縣 427
xuàn
讂 112
xuē
削 185
xuè
血 221
xún
循 76
旬 434
xùn
訊 99
卂 522
Y
yā
厭 446
yān
焉 168
鄢 306
yán
延 81
言 94
鹽 528
閻 530
yǎn
偃 384
衍 503
甗 565
yàn
鴈 167
傿 383
厭 446
燕 521
yāng
央 238

wáng

王 8
忘 489
亾 562

wǎng

往 75

wàng

朢 394

wēi

巍 437
危 447

wéi

爲 125
帷 368

wěi

葦 26
唯 45
韋 244
委 549
緯 573

wèi

衛 83
謂 95
僞 384
畏 436
尉 468
渭 500
未 654

wēn

溫 498
轀 625

wén

文 428
聞 533

wèn

問 45

wǒ

婐 550

wò

臥 395

wū

烏 168
巫 208
屋 407

wú

吾 43
梧 254
橆 272
吳 476
毋 555

wǔ

伍 379
廡 441
武 560
五 637
午 653

wù

物 40
誤 108
敄 143
勿 448
務 607
戊 642

X

xī

悉 37
析 268
夕 322
廝 360
晳 370
奚 480
息 483
惜 491
谿 515
西 527
錫 612

xí

習 160
席 369
襲 397

xǐ

𨑨 66
喜 214
憙 215
枲 341

xì

氣 339
係 385
戲 559

xiá

瑕 10
舝 244

xià

下 4
夏 244

xiān

鐵 342
先 414
鮮 520

xián

嗛 42
咸 47
賢 286
弦 567
銜 617

xiǎn

顯 425
險 633

xiàn

獻 461

xiāng

相 155
𨛜 311

歲 57
遂 70
sūn
孫 568
suō
衰 402
suǒ
瑣 10
索 354
所 621

T

tā
它 589
tà
遝 63
闒 529
tái
臺 527
tài
泰 511
tān
探 542
tán
談 94
檀 254
tàn
炭 468
táng
唐 49
堂 594
tè
貣 288
téng
幐 106
騰 455
滕 504
tī
梯 263
tí
褆 399
提 537
tiān
天 2
tián
恬 486
田 601
tiào
糶 339
tiě
鐵 612
tīng
聽 532
tíng
廷 80
亭 237
庭 441
tìng
聽 532
tōng
通 65
tóng
童 115
同 363
僮 374
潼 496
銅 612
tòng
痛 359
tóu
頭 423
投 538
匬 564
tū
禿 415
tú
荼 26
𨑨 60
圖 280
涂 499
tǔ
土 592
tù
兔 457
tuí
穨 415
魋 435
tún
豚 452
tuō
脫 179
它 589
tuó
詑 107
橐 280
佗 374
沱 497

W

wā
娃 552
wǎ
瓦 564
wài
外 323
顡 425
wán
完 346
wǎn
宛 344
綰 579
wàn
萬 639

shī
尸 406
灑 510
失 540
shí
十 91
食 226
時 314
實 348
什 379
石 447
拾 540
shǐ
史 132
矢 235
使 382
豕 450
始 548
shì
士 11
是 60
適 61
識 99
試 103
事 133
式 207
市 237
室 343
侍 378
視 416
氏 557
shōu
收 148
shǒu
守 349
首 426
手 535
shòu
受 172
壽 405
綬 580
shū
叔 130
書 134
殊 173
輸 629
疏 650
shú
孰 126
贖 294
秫 329
shǔ
數 144
黍 337
署 365
鼠 466
蜀 587
shù
豎 135
樹 256
束 279
澍 510
戍 558
隃 634
shuǎng
爽 152
shuài
衛 82
shuǐ
水 495
shuì
稅 334
shǔn
盾 156
shùn
順 424
shuō
說 103
shuò
朔 320
sī
虒 217
私 328
司 429
思 482
絲 585
sǐ
死 173
sì
笥 202
飤 227
駟 454
四 636
巳 652
sōng
松 255
sòng
送 67
sōu
棱 265
sǒu
淩 510
sū
蘇 14
sú
俗 382
sù
速 64
㮚 324
宿 351
suī
雖 586
suí
隨 61
suì

qún

羣 165
帬 368

R

rán

然 467

rǎn

冄 448

ráo

饒 228

rǎo

擾 539
繞 576

rè

熱 469

rén

人 373
任 381
壬 646

rěn

忍 492

rèn

刃 192

rì

日 313

róng

容 348
戎 558

rǒng

宂 349

ròu

肉 175

rú

襦 399
如 550

rù

蓐 32
入 233

ruò

若 24

S

sǎ

灑 510

sà

𠦃 93

sài

塞 598

sān

三 7

sāng

喪 52
桑 273

sāo

騷 455

sào

喿 87

sè

嗇 241
色 432

shā

沙 507

shān

刪 189
彡 429
山 439

shàn

譱 113
扇 528
嬗 551
繕 581

shāng

商 90
傷 384

shǎng

賞 290

shàng

上 3
尚 35

shāo

稍 335

shǎo

少 33

shào

紹 399

shē

𨛜 309
奢 479

shé

𣂺 26

shè

舍 231

shēn

曑 318
身 396
深 501
申 654

shěn

宷 37
瞫 155
沈 510

shèn

甚 209
慎 485

shēng

聲 533
勝 607
升 623

shěng

眚 156

shèng

賸 263

pǐn
品 86
pìn
牝 39
píng
平 213
pú
蒲 16
僕 116
濮 501

Q

qī
桼 278
郪 305
期 320
谿 515
妻 546
七 638
qí
奇 212
齊 325
耆 405
騎 454
qǐ
起 53
啟 141
qì
气 11
器 89
棄 169
亟 590
qiān
牽 40
遷 66
千 92
臤 135
qián
前 55
黚 471
黔 471
錢 615
乾 640
qiǎn
遣 68
譴 110
淺 506
qiàn
槧 265
qiáng
強 586
qiáo
橋 265
qiǎo
巧 208
qiě
且 620
qiè
妾 116
竊 340
qīn
衾 400
qín
芹 17
秦 335
琴 561
矜 624
qǐn
赾 54
qīng
青 224
頃 390
卿 432
輕 625
qǐng
請 95
qìng
慶 487
qióng
邛 307
竆 358
qiū
丘 392
qiú
臞 178
囚 282
裘 404
qū
詘 111
胠 176
虛 393
祛 399
屈 410
qú
朐 181
渠 508
絇 581
qǔ
取 130
竘 482
娶 545
qù
去 221
quán
權 253
泉 515
quǎn
犬 457
quàn
券 190
quē
缺 234
què
卻 431

miáo

苗 21

miào

廟 445

míng

名 43

朙 322

mìng

命 44

mò

莫 32

末 258

沒 509

móu

謀 98

繆 583

mǒu

某 256

mǔ

牡 39

母 547

晦 602

mù

莫 32

犛 124

牧 149

目 153

木 249

募 610

N

nǎi

乃 211

nài

耏 449

nán

鷬 167

南 275

男 606

néng

能 466

náo

譊 106

撓 539

nǎo

匘 390

nào

婥 553

nèi

內 234

ní

泥 503

nì

逆 65

nián

秊 333

niàn

廿 93

niǎo

鳥 166

褭 403

嬈 552

niè

聶 534

níng

冰 516

nìng

甯 152

niú

牛 38

nóng

農 121

nú

奴 548

nǔ

弩 566

nǚ

女 545

O

ǒu

歐 419

P

pán

般 411

pāng

滂 504

páng

旁 3

páo

袍 398

péng

蓬 27

彭 215

倗 374

pí

郫 306

pǐ

匹 563

pì

副 187

piān

偏 383

pián

便 381

piào

剽 189

pīn

姘 553

pín

貧 299

斂	146
liàn	
練	578
liáng	
良	240
輬	625
liǎng	
兩	364
liǎo	
繚	575
liè	
列	188
獵	460
lín	
林	271
臨	395
𡿺	513
líng	
夌	242
零	518
舲	521
陵	631
lìng	
令	430
liú	
𣶒	513
畱	604
liù	
六	637
lóng	
龍	521
lóu	
婁	552
lú	
盧	218
廬	440
lǔ	
魯	158
虜	323
lù	
祿	6
路	86
錄	613
lǚ	
呂	356
履	410
lǜ	
律	79
luán	
䜌	108
lüè	
略	603
lún	
論	98
輪	629
luó	
羅	365
luò	
雒	162
絡	582
M	
mǎ	
馬	453
mái	
䁲	155
mǎi	
買	297
mài	
麥	242
賣	275
mán	
謾	107
蠻	587
màn	
蔓	18
曼	127
縵	578
máng	
芒	19
máo	
犛	41
毛	406
矛	624
mǎo	
卯	651
mào	
瞀	154
袤	398
méi	
鬻	125
梅	250
某	256
枚	259
měi	
美	166
mèi	
眛	156
mén	
門	529
méng	
蒙	26
幏	368
mèng	
孟	648
mǐ	
米	337
靡	522
mì	
蓂	17
密	439
糸	571
miàn	
面	426

juàn
雋 164
jué
爵 225
決 508
jūn
君 44
均 593
鈞 616
軍 628
jùn
菌 18
郡 302

K

kǎi
鍇 613
kài
欬 420
kān
堪 594
kàng
犺 460
kē
苛 21
柯 264
kě
可 212
kè
課 102
刻 187
克 327
客 353
kěn
肎 182
豤 450
kōng
空 357
kǒng
恐 492
kǒu
口 42
kòu
寇 148
釦 614
kū
枯 260
kǔ
苦 16
kù
胯 177
庫 442
絝 580
kuā
夸 475
kuà
胯 177
kuài
廥 443
快 485
澮 500
kuān
寬 352
kuǎn
款 418
kuí
葵 14
kūn
昆 316

L

lái
斄 41
來 242
lài
賴 291
lán
藍 15
籣 203
闌 531
láng
琅 10
狼 462
làng
閬 530
láo
牢 40
lǎo
老 405
léi
羸 165
lèi
類 462
lí
𥝢 337
lǐ
禮 5
李 250
鯉 520
里 599
醴 656
lì
吏 2
隸 135
利 185
酈 310
㮚 324
癘 361
詈 366
lián
連 69
廉 444
liǎn

菅	16	jiǎng		楬	269	近	71	咎	385
兼	336	槳	458	偕	376	盡	220	廄	443
監	395	jiàng		竭	482	jīng		jū	
閒	530	將	140	結	577	荊	18	俱	376
奸	553	匠	563	jiě		京	238	居	406
縑	578	醬	656	解	193	旌	317	且	620
緘	582	jiāo		jiè		涇	499	jú	
jiǎn		徼	76	戒	117	jìng		鞫	123
簡	200	驕	454	畍	603	徑	74	jǔ	
繭	571	雧	469	jīn		靜	224	筥	201
錢	615	交	478	筋	184	敬	434	枸	252
jiàn		鮫	520	今	231	競	114	沮	498
建	80	姣	549	津	509	jiū		舉	539
踐	85	jiǎo		金	611	糾	91	jù	
劍	192	角	192	斤	621	樛	259	具	118
箭	197	jiào		矜	624	jiǔ		巨	208
楗	261	校	266	jǐn		久	246	聚	393
賤	298	jiē		堇	26	韭	341	據	536
件	386	皆	158	謹	100	九	638	勮	608
見	415	jié		錦	370	酒	655	鉅	618
jiāng		詰	111	jìn		jiù		juān	
橿	252	節	198	禁	7	救	146	涓	504
江	496	椄	264	進	63	就	239	捐	543

好 548

hào

秏 330

hé

和 46
合 230
禾 327
何 375
河 496
劾 609

hè

賀 286
赫 474

hēi

黑 470

héng

衡 193
橫 267
恆 591

hóng

弘 566
紅 579

hóu

矦 236
鍭 616

hòu

後 78
詬 113
候 380

hū

虖 216

hú

胡 180
狐 463
縠 578

hǔ

虎 217

hù

護 105
戶 528

huá

華 277
滑 505

huái

槐 253

huài

壞 599

huán

環 9
莞 16

huǎn

緩 585

huáng

皇 8
黃 605

huì

誨 98
會 232
檜 269
繪 579

hùn

圂 283

huǒ

火 467

huò

穫 331
獲 461

J

jī

毄 137
雞 163
幾 170
箕 204
機 262
稽 278
齎 287
積 332
墼 595
畸 602

jí

吉 48
櫜 166
耤 192
及 128
籍 199
即 225
疾 358
急 488
級 574
亟 590

jǐ

戟 558
給 577
己 643

jì

計 104
寄 353
忌 490
紀 574
季 647

jiā

嘉 215
家 342
加 608

jiá

梜 267

jiǎ

叚 131
假 380
甲 639

jià

稼 328
駕 454

jiān

婦 546

G

gài

蓋 24
匃 563

gān

干 90
甘 209
乾 640

gǎn

叙 173
感 491

gàn

榦 260

gāo

高 236

gǎo

槀 332

gào

告 41

gē

戈 557

gé

革 123
格 260
假 380
挌 543

gè

各 50

gēn

根 257

gēng

更 145
庚 644

gèng

更 145

gōng

公 36
龏 118
攻 149
工 207
宮 356
弓 565
功 606

gòng

共 119
贛 289

gōu

鉤 91

gǒu

笱 90
狗 457

gòu

詬 113
購 299

gū

觚 195

gǔ

骨 175
鼓 216
賈 296
穀 333

gù

故 143
固 282

guā

瓜 342

guǎ

寡 353

guài

夬 128

guān

冠 362
觀 416
關 531
官 630

guàn

灌 501

guǎng

廣 443

guī

歸 55
規 481

guǐ

鬼 435
姽 549
癸 646

guì

桂 250
匱 564

guǒ

果 258
裹 402

guò

過 62

H

hài

害 354
亥 657

hán

含 43
韓 244
邯 305
寒 354

hàn

翰 161
悍 489
漢 500

háo

勢 609

hǎo

讀 98
牘 325
獨 460
瀆 507

dǔ

堵 594

dù

度 132
杜 251

duān

端 481

duàn

段 139
斷 622

duī

敦 146

dūn

敦 146

dùn

盾 156

duō

多 323

duò

隋 179

E

ē

阿 633

è

遏 71
惡 490
戹 528

ér

兒 413
而 449

èr

二 590
貳 292

F

fā

發 566

fá

乏 59
罰 190
伐 385

fǎ

灋 457

fà

髮 429

fán

蘩 27
煩 425
燔 467
凡 592

fǎn

反 129

fàn

販 297
犯 459

fāng

芳 23
方 413

fàng

放 171

fēi

非 522
妃 546

féi

肥 182

fèi

費 295
廢 444

fēn

分 34

fén

鼢 466

fèn

糞 169

fēng

封 596

féng

逢 65

fǒu

缶 234
不 525

fū

夫 480
鈇 618

fú

福 6
符 201
伏 385
服 412
涪 496
浮 504
扶 536
弗 556

fǔ

脯 180
鄜 310
府 440

fù

復 74
父 127
腹 177
椱 263
負 292
賦 298
富 347
覆 367
傅 377
付 378

萅 28

chún

醇 656

chuò

辵 60

繛 584

cī

雌 163

疵 360

cí

祠 7

辤 645

cǐ

此 58

cì

賜 290

次 421

cóng

從 391

cuàn

竄 357

cuì

萃 21

cún

存 648

cùn

寸 140

cuó

痤 361

D

dá

荅 14

dà

大 474

dǎi

逮 68

dài

待 78

貸 288

帶 367

代 381

大 474

dān

單 51

丹 223

鄲 305

儋 375

襌 399

媅 550

dàn

膻 178

旦 316

dāng

當 604

dàng

宕 355

dāo

刀 185

dào

道 72

稻 330

盜 422

到 526

dé

德 73

得 78

dēng

登 56

děng

等 200

dèng

鄧 306

dī

鞮 123

隄 634

dí

翟 162

dǐ

邸 303

抵 536

氐 557

dì

帝 3

弟 245

杕 259

地 593

diǎn

典 205

diàn

殿 138

diǎo

鳥 166

dié

諜 113

牒 326

dīng

丁 641

dǐng

鼎 327

dìng

定 345

dōng

東 271

冬 517

dòng

洞 505

dǒu

斗 623

dòu

鉐 235

dū

都 302

dú

薄 22	càn	嘗 214	承 538	chū
郭 309	粲 338	常 367	城 597	初 186
僰 386	cāng	償 381	成 642	出 274
bū	蒼 20	長 447	chī	chú
誧 105	倉 233	chǎng	笞 203	芻 25
餔 228	cāo	敞 144	chí	廚 442
bǔ	操 536	cháo	治 502	除 635
補 401	cáo	鼂 589	chǐ	chǔ
捕 542	曹 210	chē	齒 83	処 619
bù	漕 511	車 624	尺 409	chù
步 57	chá	chè	chì	歜 420
部 304	秅 336	徹 142	赤 473	畜 605
布 369	chǎi	chén	chōng	chuān
	茝 15	臣 136	舂 340	川 514
C	chán	沈 510	充 413	chuán
	廛 444	陳 635	憧 489	船 411
cái	纏 576	辰 651	chōu	chuàn
材 260	孱 649	chéng	瘳 362	諯 110
財 285	chǎn	誠 101	chóu	chuāng
cǎi	產 276	丞 117	讎 97	囪 473
采 266	chāng	盛 217	疇 601	chuí
cài	昌 314	椉 246	chǒu	垂 599
蔡 21	cháng	程 335	丑 650	chūn

（二）正文

A

āi
哀 50

ài
艾 17
愛 243

ān
安 346

àn
案 262

áng
卬 390

áo
謷 107
𠢕 609

ào
嫯 552

B

bā
八 34
巴 643

bá
拔 541

bǎ
把 537

bà
罷 366

bái
白 370

bǎi
百 160
柏 255

bài
敗 147
罷 366
𢷎 535

bān
般 411

bàn
半 38
辨 188

bāng
邦 301

bàng
棓 263

bǎo
葆 28

bào
暴 315
報 479

bēi
桮 262

běi
北 392

bèi
貝 285
備 376

bēn
奔 477

běn
本 256

bí
鼻 160

bǐ
彼 75
筆 134
柀 251
比 392

bì
必 36
避 69
臂 176
畀 206
比 392
辟 433
婢 547

biān
邉 73

biǎn
扁 87

biàn
變 145

biāo
髟 429

biǎo
表 397

bié
別 174

bīn
賓 293

bīng
兵 117

bǐng
稟 241
丙 641

bìng
病 359
幷 391
竝 482

bō
剝 189

bó

yòu 25
yú 25
yǔ 25
yù 25
yuán 25
yuǎn 25
yuàn 25
yuē 25
yuè 25
yún 25
yùn 25

Z

zá 25
zài 25
zāng 25
zǎng 25
zào 25
zé 25
zéi 25
zēn 25
zēng 25
zhá 25
zhǎ 25
zhà 25
zhái 25
zhān 25
zhǎn 25
zhàn 25
zhāng 25
zhàng 25
zhāo 25
zhǎo 26
zhào 26
zhé 26
zhě 26
zhè 26
zhēn 26
zhěn 26
zhèn 26
zhēng 26
zhèng 26
zhī 26
zhí 26
zhǐ 26
zhì 26
zhōng 26
zhǒng 26
zhòng 26
zhōu 26
zhǒu 26
zhòu 26
zhū 26
zhú 26
zhǔ 26
zhù 26
zhuàn 26
zhuāng 26
zhuàng 26
zhuī 26
zhuì 26
zhūn 26
zhuō 26
zhuó 26
zī 26
zǐ 27
zì 27
zōng 27
zòng 27
zōu 27
zǒu 27
zòu 27
zū 27
zú 27
zǔ 27
zuì 27
zuǒ 27
zuò 27

tòng 21
tóu 21
tū 21
tú 21
tǔ 21
tù 21
tuí 21
tún 21
tuō 21
tuó 21

W

wā 21
wǎ 21
wài 21
wán 21
wǎn 21
wàn 21
wáng 22
wǎng 22
wàng 22
wēi 22
wéi 22
wěi 22
wèi 22
wēn 22
wén 22
wèn 22
wǒ 22
wò 22
wū 22
wú 22
wǔ 22
wù 22

X

xī 22
xí 22
xǐ 22
xì 22
xiá 22
xià 22
xiān 22
xián 22
xiǎn 22
xiàn 22
xiāng 22
xiáng 23
xiàng 23
xiāo 23
xiáo 23
xiǎo 23
xiào 23
xiē 23
xié 23
xiě 23
xiè 23
xīn 23
xín 23
xìn 23
xīng 23
xíng 23
xǐng 23
xìng 23
xióng 23
xiū 23
xiù 23
xū 23
xú 23
xǔ 23
xù 23
xuān 23
xuán 23
xuàn 23
xuē 23
xuè 23
xún 23
xùn 23

Y

yā 23
yān 23
yán 23
yǎn 23
yàn 23
yāng 23
yáng 24
yǎng 24
yàng 24
yāo 24
yáo 24
yǎo 24
yào 24
yé 24
yě 24
yè 24
yī 24
yí 24
yǐ 24
yì 24
yīn 24
yín 24
yǐn 24
yìn 24
yīng 24
yíng 24
yǐng 24
yōng 24
yǒng 24
yòng 24
yóu 24
yǒu 24

qú	18	ròu	19	shào	19	shuǐ	20	T	
qǔ	18	rú	19	shē	19	shuì	20		
qù	18	rù	19	shé	19	shǔn	20	tā	21
quán	18	ruò	19	shè	19	shùn	20	tà	21
quǎn	18			shēn	19	shuō	20	tái	21
quàn	18	S		shěn	19	shuò	20	tài	21
quē	18			shèn	19	sī	20	tān	21
què	18	sǎ	19	shēng	19	sǐ	20	tán	21
qún	19	sà	19	shěng	19	sì	20	tàn	21
		sài	19	shèng	19	sōng	20	táng	21
R		sān	19	shī	20	sòng	20	tè	21
		sāng	19	shí	20	sōu	20	téng	21
rán	19	sāo	19	shǐ	20	sǒu	20	tī	21
rǎn	19	sào	19	shì	20	sū	20	tí	21
ráo	19	sè	19	shōu	20	sú	20	tiān	21
rǎo	19	shā	19	shǒu	20	sù	20	tián	21
rè	19	shān	19	shòu	20	suī	20	tiào	21
rén	19	shàn	19	shū	20	suí	20	tiě	21
rěn	19	shāng	19	shú	20	suì	20	tīng	21
rèn	19	shǎng	19	shǔ	20	sūn	21	tíng	21
rì	19	shàng	19	shù	20	suō	21	tìng	21
róng	19	shāo	19	shuǎng	20	suǒ	21	tōng	21
rǒng	19	shǎo	19	shuài	20			tóng	21

liù 16
lóng 16
lóu 16
lú 16
lǔ 16
lù 16
lǚ 16
lǜ 16
luán 16
lüè 16
lún 16
luó 16
luò 16

M

mǎ 16
mái 16
mǎi 16
mài 16
mán 16
màn 16
máng 16
máo 16
mǎo 16
mào 16
méi 16
měi 16
mèi 16
mén 16
méng 16
mèng 16
mǐ 16
mì 16
miàn 16
miáo 17
miào 17
míng 17
mìng 17
mò 17
móu 17
mǒu 17
mǔ 17
mù 17

N

nǎi 17
nài 17
nán 17
néng 17
náo 17
nǎo 17
nào 17
nèi 17
ní 17
nì 17
nián 17
niàn 17
niǎo 17
niè 17
níng 17
nìng 17
niú 17
nóng 17
nú 17
nǔ 17
nǚ 17

O

ǒu 17

P

pán 17
pāng 17
páng 17
páo 17
péng 17
pí 17
pǐ 17
pì 17
piān 17
pián 17
piào 17
pīn 17
pín 17
pǐn 18
pìn 18
píng 18
pú 18

Q

qī 18
qí 18
qǐ 18
qì 18
qiān 18
qián 18
qiǎn 18
qiàn 18
qiáng 18
qiáo 18
qiǎo 18
qiě 18
qiè 18
qīn 18
qín 18
qǐn 18
qīng 18
qǐng 18
qìng 18
qióng 18
qiū 18
qiú 18
qū 18

háo	12	huò	13	jiě	14	kài	15	lái	15
hǎo	12			jiè	14	kān	15	lài	15
hào	13	J		jīn	14	kàng	15	lán	15
hé	13			jǐn	14	kē	15	láng	15
hè	13	jī	13	jìn	14	kě	15	làng	15
hēi	13	jí	13	jīng	14	kè	15	láo	15
héng	13	jǐ	13	jìng	14	kěn	15	lǎo	15
hóng	13	jì	13	jiū	14	kōng	15	léi	15
hóu	13	jiā	13	jiǔ	14	kǒng	15	lèi	15
hòu	13	jiá	13	jiù	14	kǒu	15	lí	15
hū	13	jiǎ	13	jū	14	kòu	15	lǐ	15
hú	13	jià	13	jú	14	kū	15	lì	15
hǔ	13	jiān	13	jǔ	14	kǔ	15	lián	15
hù	13	jiǎn	14	jù	14	kù	15	liǎn	15
huá	13	jiàn	14	juān	14	kuā	15	liàn	16
huái	13	jiāng	14	juàn	15	kuà	15	liáng	16
huài	13	jiǎng	14	jué	15	kuài	15	liǎng	16
huán	13	jiàng	14	jūn	15	kuān	15	liǎo	16
huǎn	13	jiāo	14	jùn	15	kuǎn	15	liè	16
huáng	13	jiǎo	14			kuí	15	lín	16
huì	13	jiào	14	K		kūn	15	líng	16
hùn	13	jiē	14					lìng	16
huǒ	13	jié	14	kǎi	15	L		liú	16

D

dá 10
dà 10
dǎi 10
dài 10
dān 10
dàn 10
dāng 10
dàng 10
dāo 10
dào 10
dé 10
dēng 10
děng 10
dèng 10
dī 10
dí 10
dǐ 10
dì 10
diǎn 10
diàn 10
diǎo 10
dié 10
dīng 10
dǐng 10
dìng 10
dōng 10
dòng 10
dǒu 10
dòu 10
dū 10
dú 10
dǔ 11
dù 11
duān 11
duàn 11
duī 11
dūn 11
dùn 11
duō 11
duò 11

E

ē 11
è 11
ér 11
èr 11

F

fā 11
fá 11
fǎ 11
fà 11
fán 11
fǎn 11
fàn 11
fāng 11
fàng 11
fēi 11
féi 11
fèi 11
fēn 11
fén 11
fèn 11
fēng 11
féng 11
fǒu 11
fū 11
fú 11
fǔ 11
fù 11

G

gài 12
gān 12
gǎn 12
gàn 12
gāo 12
gǎo 12
gào 12
gē 12
gé 12
gè 12
gēn 12
gēng 12
gèng 12
gōng 12
gòng 12
gōu 12
gǒu 12
gòu 12
gū 12
gǔ 12
gù 12
guā 12
guǎ 12
guài 12
guān 12
guàn 12
guǎng 12
guī 12
guǐ 12
guì 12
guǒ 12
guò 12

H

hài 12
hán 12
hàn 12

拼音檢字表

（一）音序

A		bàn	8	bīng	8	chán	9	chǔ	9
		bāng	8	bǐng	8	chǎn	9	chù	9
āi	8	bàng	8	bìng	8	chāng	9	chuān	9
ài	8	bǎo	8	bō	8	cháng	9	chuán	9
ān	8	bào	8	bó	8	chǎng	9	chuàn	9
àn	8	bēi	8	bū	9	cháo	9	chuāng	9
áng	8	běi	8	bǔ	9	chē	9	chuí	9
áo	8	bèi	8	bù	9	chè	9	chūn	9
ào	8	bēn	8			chén	9	chún	10
		běn	8	C		chéng	9	chuò	10
B		bí	8			chī	9	cī	10
		bǐ	8	cái	9	chí	9	cí	10
bā	8	bì	8	cǎi	9	chǐ	9	cǐ	10
bá	8	biān	8	cài	9	chì	9	cì	10
bǎ	8	biǎn	8	càn	9	chōng	9	cóng	10
bà	8	biàn	8	cāng	9	chōu	9	cuàn	10
bái	8	biāo	8	cāo	9	chóu	9	cuì	10
bǎi	8	biǎo	8	cáo	9	chǒu	9	cún	10
bài	8	bié	8	chá	9	chū	9	cùn	10
bān	8	bīn	8	chǎi	9	chú	9	cuó	10

魿 521

六畫

鮫 520

鮮 520

七畫

鯉 520

十六畫

鱸 521

黃部

黃 605

鼎部

鼎 327

黑部

黑 470

四畫

黔 471

五畫

黚 471

黍部

黍 337

三畫

黎 337

鼓部

鼓 216

黽部

五畫

鼂 589

鼻部

鼻 160

齊部

齊 325

七畫

齎 287

齒部

齒 83

八畫

齰 84

齮 84

鼠部

鼠 466

四畫

鼢 466

龍部

龍 521

十六畫
顯 423

面部
面 426

韭部
韭 341
七畫
韰 342
八畫
韱 342

食部
食 226
二畫
飤 227
五畫
䬣 229
六畫
養 227
七畫
餔 228
餘 228
九畫
䭔 229
十二畫
饒 228

音部
音 114

首部
首 426

髟部
髟 429
五畫
髮 429
十一畫
𩯭 278

馬部
馬 453
五畫
駔 455
駟 454
駠 456
駕 454
駋 456
八畫
騎 454
十畫
騶 455
騷 455
十二畫
驕 454

鬲部
十二畫
鬻 125
十五畫
鬻 125

骨部
骨 175

鬼部
鬼 435
四畫
魃 436
八畫
魋 435

高部
高 236

韋部
韋 244
八畫
(韓) 244
𩏂 245
十畫
韓(韓) 244

麥部
麥 242

鳥部
鳥 166
四畫
鴈 167
十一畫
𪄢(難) 167

魚部
魚 519
四畫
魯 158
五畫

⿰阝邑 636
除 635
八畫
陵 631
陳 635
陰 632
九畫
隋 179
隄 634
陽 632
隃 634
十三畫
險 633
十四畫
隱 634

金部

金 611
二畫
釓 618
⿰金又 618
三畫
釪 618
釦 614
釰 619
四畫
鈇 618
鉅 618
鈞 616
五畫
鉤 91
六畫
銅 612
⿰金系 619
七畫
銷 613
八畫
錡 615
錢 615
錫 612
錦 370
錄 613
九畫
鍭 616
十畫
鍇 613
十二畫
鐔 616
十三畫
鐵 612
鐶 619
十四畫
鑄 613

門部

門 529
三畫
閂 45
四畫
閒 530
六畫
聞 533
七畫
閱 532
閬 530
八畫
閣 530
九畫
闌 531
十畫
闟 529
十一畫
關 531

隶部

九畫
隸 135

革部

革 123
五畫
鞅 124
鞅 124
八畫
鞠 123
九畫
鞮 123
鞫 124
鞏 124
十四畫
⿱⿰央頁革 426

頁部

二畫
頃 390
三畫
順 424
須 427
四畫
頎 425
六畫
頡 424
七畫
頭 423
頴 331
十畫
類 462
十四畫
顯 425
⿰豪頁 425

進 63
逮 68

九畫

遳 73
遏 71
過 62
遂 70
道 72
運 67

十畫

遠 72
遣 68
遝 63

十一畫

遷 66
適 61
隨 61

十二畫

遺 69

十三畫

避 69

十四畫

邊 73

釆部

十一畫

糞(糞) 169

谷部

十畫

谿 515

豸部

六畫

貄 452

角部

角 192

五畫

觚 195

六畫

解 193

十八畫

觿 194

辛部

辛 644

六畫

辠 645
辟 433

八畫

辤 645

九畫

辨 188

青部

青 224

八畫

靜 224

長部

長 447

雨部

雨 517

四畫

雲(云) 519

五畫

零 518

六畫

需 519

非部

非 522

十一畫

靡 522

隹部

二畫

𨾴 164

四畫

雄 163
雋 164

六畫

雌 163
雒 162

九畫

雖 586

十畫

雞 163
雜 401

十二畫

(難) 167

二十畫

雧(集) 166

阜部

三畫

阤 633

四畫

阮 635

五畫

阿 633

七畫

陘 634

貲 300
資 285

七畫

賓 293

八畫

賦 298
賣 275
賢 286
賤 298
賞 290
賜 290
質 294

九畫

賴 291

十畫

購 299
贅 294

十五畫

贖 294

十八畫

贛 289

見部

見 415

四畫

規 481

五畫

視 416

十七畫

觀 416

里部

里 599

二畫

重 394

四畫

野 600

足部

足 85

六畫

路 86

八畫

踐 85

九畫

踵 86

邑部

邑 301

三畫

邛 307

四畫

邪 308
邦 301

五畫

邯 305
邸 303

六畫

郁 304
郀 310
郅 305

七畫

郣 309
郙 310
郛 311
郡 302

八畫

都 302
郪 305
郵 303
郫 306
⿰舍阝 309
郗 311
部 304

十畫

(鄉) 311

十一畫

鄢 306
鄣 308

十二畫

鄲 305
鄭 304
鄧 306

十四畫

𨛜(鄉) 311

二十畫

酈 310

身部

身 396

辵部

辵 60

三畫

辻(徒) 60
⿺辶止(徙) 66

四畫

近 71

六畫

追 70
送 67
逆 65

七畫

連 69
速 64
逐 71
逌 73
造 63
逢 65
通 65

八畫

十五畫
讀 98
十六畫
讎 97
讋 110
⿰言憲 113

走部

走 52
三畫
起 53
四畫
⿺走斤 54
五畫
越 52
七畫
趙 53

赤部

赤 473
六畫
赩 474
七畫
赫 474

車部

車 624
二畫
軍 628
四畫
斬 629
五畫
⿰車占 629
軫 627
軴 630
軺 625
六畫
載 627
七畫
輒 626
輕 625
八畫
輪 629
輬 625
九畫
輸 629
十畫
轀 625
輿 626
十一畫
轉 628
十三畫
轙 627

豆部

八畫
豎 135

酉部

酉 655
三畫
酒 655
八畫
醇 656
⿰爿⿱夕酉(⿰爿⿱夕⿱夕酉) 656
十一畫
(醬) 656
十三畫
醴 656

辰部

辰 651
六畫
(農) 121
十三畫
⿱⿴𦥑囟辰(農) 121

豕部

豕 450
四畫
豚 452
六畫
貉 451
貇 450
九畫
豬 450

貝部

貝 285
二畫
負 292
三畫
財 285
貣 288
四畫
責 295
販 297
貧 299
五畫
貳 292
買 297
貸 288
費 295
賀 286
六畫
賊 558
賈 296

糸 571
二畫
糾 91
三畫
紅 579
約 575
紀 574
四畫
級 574
五畫
結 583
組 580
絇 581
終 577
六畫
絉 573
結 577
絝 580
給 577
絡 582
絲 585
八畫
(綽) 584
綬 580
綰 579
九畫
練 578
緘 582
(緩) 585
緣 580
十畫
縣 427
縑 578
縿 584
縈 581
緯 573
十一畫
縵 578
縱 574
繆 583
十二畫
繛(綽) 584
繞 576
繚 575
繒 578
繇 569
織 573
繕 581
十三畫
繶(緩) 585
繹 572
繪 579
十五畫
續 574
纏 576
十七畫
纓 580

言部

言 94
二畫
計 104
三畫
訊 99
四畫
許 97
五畫
詘 111
(詐) 107
診 112
詗(詬) 113
詑 107
詔 102
六畫
試 103
詰 111
誠 101
訾 109
(詬) 113
詣 105
七畫
誧 105
誤 108
誨 98
詐(詐) 107
說 103
八畫
請 95
課 102
論 98
談 94
九畫
諸 97
謀 98
諜 113
謁 96
謂 95
諯 110
十畫
謷 107
謝 105
十一畫
謹 100
謾 107
十二畫
譊 106
識 99
譈 108
十三畫
譱(善) 113
十四畫
護 105
譴 110
譳 112

米部

米 337

六畫

(粟) 324

七畫

粲 338

八畫

粼 513

九畫

稟(粟) 324

⿰粦凡 523

十一畫

(糞) 169

十四畫

糴 339

聿部

聿 133

艮部

一畫

良 240

艸部

二畫

艾 17

三畫

芋 15

芇 29

芍 17

芒 19

四畫

芹 17

䕽(折) 26

芻 25

芳 23

五畫

苦 16

苛 21

若 24

苗 21

苑 23

茀 29

六畫

荆 18

茝 15

草 28

荅 14

茲 20

七畫

華 277

莫 32

荼 26

莞 16

莊 13

八畫

菆 30

萅(春) 28

菽 30

萆 30

菌 18

菩 31

萃 21

菅 16

九畫

葉 19

葢(蓋) 24

萬 639

葆 28

葦 26

葵 14

十畫

(蓋) 24

蓐 32

蓋 31

蒼 20

蒲 16

蒣 31

蒙 26

蓂 17

十一畫

菫 26

蔓 18

蓬 27

蔡 21

十三畫

薁 31

薪 25

薄 22

十四畫

藍 15

蘨 27

十五畫

蘭 571

藥 23

十六畫

蘇 14

二十畫

蘿 31

羽部

羽 161

八畫

翥 162

翟 162

十畫

翰 161

糸部

竹部

竹 197

五畫

符 201
笥 90
笴 202
笞 203

六畫

等 200
筋 184
筆 134
筡 203

七畫

筥 201

八畫

箕(其) 204
箂 204

九畫

箸 202
節 198
篅 204
箭 197

十一畫

篕 204
篷 204

十二畫

(簪) 414
簡 200

十四畫

籍 199

十七畫

籥 200
籣 203

臼部

二畫

臾 655

四畫

臾(要) 121

五畫

舂 340

九畫

(舉) 539

自部

自 157

血部

血 221

舟部

四畫

般 411

五畫

船 411

十畫

翰(朝) 317

色部

色 432

衣部

衣 397

二畫

初 186

四畫

衰 402
衷 400
袁 397
衾 400

五畫

袪 399
袍 398
袑 399
袤 398

七畫

補 401
裚 403
裘(求) 404
裛 402

八畫

裹 402
裻 403

九畫

褆 399

十畫

褭 403

十一畫

襄 400

十二畫

襏 401
襌 399

十四畫

襦 399

十六畫

襲 397

十八畫

襴 404

羊部

羊 164

三畫

美 166

七畫

義 560
羣 165

發 566

矛部

矛 624

四畫

矜 624

六畫

務 607

七畫

矞 90

老部

老 405

四畫

耆 405

五畫

者 158

耳部

八畫

聚 393

十一畫

聲 533

十二畫

聶 534

職 532

十六畫

聽 532

臣部

臣 136

二畫

臥 395

臤 135

十一畫

臨 395

襾部

西 527

十二畫

覆 367

而部

而 449

三畫

(耐) 449

耏(耐) 449

至部

至 525

四畫

致 243

八畫

臺 527

虍部

虎 217

二畫

虒 217

五畫

虖 216

(處) 619

六畫

虛 393

七畫

虜 323

虫部

三畫

䖟 588

十九畫

蠻 587

肉部

肉 175

网部

六畫

罛(眾) 393

(眾) 393

七畫

詈 366

八畫

置 366

罪 365

蜀 587

九畫

署 365

十畫

罷 366

十四畫

羅 365

耒部

八畫

耤 192

缶部

缶 234

四畫

缺 234

六畫

缿 235

秅 336

四畫

秏 330

秭 336

五畫

秦 335

秫 329

(乘) 246

租 334

秩 332

六畫

移 331

(秶) 329

七畫

稍 335

程 335

稅 334

八畫

稟 241

十畫

稽 278

稻 330

稾 332

稼 328

稺 328

十一畫

積 332

穆 336

十四畫

穫 331

穦 415

穧(秶) 329

白部

白 370

一畫

百 160

五畫

皆 158

六畫

習 160

八畫

皙 370

瓜部

瓜 342

疒部

五畫

病 359

疾 358

六畫

疵 360

七畫

痤 361

痛 359

十一畫

瘳 362

十二畫

㾷 360

癘 361

𤻲 362

十八畫

癰 361

立部

五畫

竘 482

竝 482

六畫

章 114

七畫

童 115

九畫

竭 482

端 481

十五畫

競 114

穴部

三畫

空 357

七畫

窨 358

(窗) 473

十畫

窯 356

十四畫

竆 358

十五畫

竄 357

十六畫

竈 357

十七畫

(竊) 340

二十一畫

竊(竊) 340

疋部

七畫

疏 650

九畫

疑 649

癶部

四畫

癸 646

七畫

登 56

禁 7
祿 6
九畫
福 6
十三畫
禮 5

瓦部

瓦 564
九畫
甄 565
十六畫
甗 565

甘部

甘 209

石部

石 447

比部

比 392

目部

目 153
四畫
相 155
盾 156
省 156
五畫
眜 156
眚 156
眢 154
九畫
瞀 154
十二畫
瞫 155
䁹 155

田部

田 601
甲 639
申 654
二畫
男 606
三畫
畀 206
甾 564
四畫
畏 436
畍 603
五畫
(留) 604
畜 605
六畫
異 119
略 603
七畫
畱(留) 604
畮 602
八畫
畸 602
當 604
十四畫
疇 601

皿部

四畫
盈 219
五畫
𥁕 220
益 218
六畫
盛 217
七畫
盜 422
九畫
監 395
盡 220
十一畫
盧 218
十四畫
齍 218
十九畫
鹽 528

生部

六畫
產 276

矢部

矢 235
二畫
矣 236
四畫
矦 236
十畫
𥏼(智) 159

禾部

禾 327
二畫
禿 415
私 328
三畫
秊(年) 333

五畫		憙	215	沂	501	涂	499	**十二畫**	
思	482	憖	487	沒	509	(流)	513	澍	510
急	488	憧	489	沈	510	**八畫**		潼	496
六畫				決	508	渠	508	潰	512
恐	492	**爿部**		泥	512	淺	506	**十三畫**	
恆	591			沙	507	淫	506	澤	506
恬	486	**六畫**				涪	496	澮	500
息	483	牂	165	**五畫**		深	501	**十四畫**	
恙	491	**八畫**		泰	511	淄	512	濮	501
七畫		牒(獎)	458	河	496	**九畫**		**十五畫**	
悍	489			沮	498	渚	502	瀆	507
八畫		**毋部**		泉	515	渭	500	**十七畫**	
惡	490			注	509	游	318	灌	501
惜	491	毋	555	沱	497	浚(溲)	510	**十八畫**	
九畫		母	547	泥	503	**十畫**		灄	457
感	491			沼	507	滑	505	**二十畫**	
愛	243	**水部**		治	502	溫	498	灑	510
意	493			**六畫**		(溲)	510		
意	484	水	495	洞	505	滂	504	**示部**	
十畫		**三畫**		津	509	**十一畫**			
愿	486	江	496	**七畫**		漢	500	**五畫**	
慎	485	**四畫**		涇	499	漕	511	祠	7
十二畫		沅	499	涓	504	潄(流)	513	**八畫**	

十六畫
贏 291
騰 455
十八畫
臞 178

氏部

氏 557
一畫
氐 557

欠部

二畫
次 421
四畫
欣 417
六畫
欬 420
七畫
欲 418
八畫
款 418
九畫
歇 417
十一畫
歐 419
㱃 421
十三畫
歜 420
十七畫
歡 418

殳部

五畫
段 139
六畫
殷 396
七畫
殹 139
九畫
殿 138
十畫
毄 137
十一畫
穀 333
十二畫
縠 578

文部

文 428

方部

方 413
四畫
(於) 168
六畫
旂 318
旁 3
七畫
旌 317
族 318

火部

火 467
三畫
灼 469
五畫
炭 468
六畫
烏(於) 168
七畫
焉 168
八畫
(無) 272
(焦) 469
然 467
九畫
煩 425
十畫
熊 467
十一畫
熱 469
十二畫
燕 521
⿱䀠火 470
燔 467
十三畫
燥 470
二十四畫
⿱雥火(焦) 469

斗部

斗 623

心部

心 483
一畫
必 36
三畫
志 483
忑 492
忘 489
忌 490
忍 492
四畫
忠 485
快 485

援 541
揄 540
十一畫
摔 535
十二畫
撓 539
十三畫
據 536
操 536
擇 538
擧(舉) 539
十五畫
(擾) 539
十九畫
擾(擾) 539

毛部

毛 406

气部

气 11

六畫
氣 339

片部

九畫
牒 326
十五畫
牘 325

斤部

斤 621
九畫
新 622
十四畫
(斷) 622
十五畫
斷(斷) 622

爪部

五畫
爰 171
八畫
爲 125
十四畫
(爵) 225

戶部

戶 528
一畫
戹 528
四畫
所 621
五畫
扁 87
六畫
扇 528

父部

父 127

月部

月 319
一畫
肊 176
二畫
有 321
肎(肯) 182
三畫
肖 177
四畫
(肯) 182
朐 183
肥 182
服 412
五畫
胠 176
胡 180
胄 177
胸 181
胥 181
六畫
時 183
胯 177
朔 320
能 466
七畫
脯 180
朙(明) 322
脫 179
八畫
期 320
(朝) 317
勝 607
九畫
腹 177
十畫
朢 394
滕 263
十一畫
膝 504
十三畫
臀 183
膽 106
膻 178
臂 176
十五畫
臝 165

二畫
收 148
三畫
攻 149
四畫
牧 149
放 171
五畫
故 143
敀 149
敄 143
六畫
效 143
七畫
救 146
敗 147
啟 141
八畫
(敢) 173
敬 434
⿰卓攴 150
敞 144
敦 146
十一畫
數 144
十二畫
⿰⿱彐子攵 150
十三畫
斂 146
十五畫
斄 41
十六畫
斆(學) 150
十九畫
變 145

日部

日 313
曰 210
一畫
旦 316
四畫
昌 314
(明) 322
易 452
五畫
(春) 28
是 60
昜 448
昆 316
昭 314
六畫
時 314
書 134
七畫
曹 210
晝 134
八畫
最 363
(智) 159
九畫
會 232
十畫
嘗 214
十一畫
(暴) 315
十二畫
曆 316
十三畫
曑(參) 318
十四畫
㬥(暴) 315

牛部

牛 38
二畫
牝 39
三畫
牡 39
牢 40
四畫
物 40
七畫
牽 40
十一畫
犛 41

手部

手 535
四畫
扶 536
(折) 26
投 538
把 537
五畫
拔 541
拙 542
抵 536
六畫
拾 540
指 535
挌 543
⿰扌色 543
七畫
捕 542
挾 537
捐 543
八畫
探 542
九畫
提 537
揚 539

槐 253
槎 268

十一畫

樠 269
槧 265
樛 259
樂 264

十二畫

樹 256
橫 267
橐 280
橋 265
機 262

十三畫

橿 252
檀 254

十五畫

𣡡(無) 272

十七畫

權 253

十八畫

𣝣(爵) 225

支部

支 133

犬部

犬 457

二畫

犯 459

三畫

犴 464

四畫

犺 460
狀 458
⿰犭巴 464

五畫

狐 463
狗 457

六畫

臭 461
⿰犭冉 464

七畫

狼 462

十一畫

獄 465
(獎) 458

十三畫

獨 460

十四畫

獲 461

十六畫

獻 461

十七畫

獵 460

十八畫

玃 465

歹部

二畫

死 173

六畫

殊 173

戈部

戈 557

一畫

戊 642

二畫

(戎) 558
戌 657
戍 558
成 642

三畫

⿰王戈 560
戒 117

四畫

或 559

五畫

⿰甲戈(戎) 558

八畫

(戟) 558

十畫

⿰龺戈(戟) 558
臧 136

十二畫

戰 559

十三畫

戲 559

止部

止 54

一畫

正 59

二畫

此 58

三畫

步 57

四畫

武 560

六畫

前 55

八畫

⿱戔止 56

九畫

歲 57

十四畫

歸 55

攴部

子 647

三畫

存 648
字 647

五畫

孟 648
季 647

七畫

孫 568

九畫

孱 649

十三畫

(學) 150

𠫓部

十畫

毓 451

幺部

九畫

幾 170

王部

王 8

五畫

皇 8

七畫

琅 10

八畫

琴 561

九畫

瑕 10

十畫

瑣 10

十三畫

環 9

木部

木 249

一畫

末 258
未 654
本 256
札 265

二畫

朱 257

三畫

杜 251
杕 259
材 260
束 279
枚 270
李 250

四畫

林 271
枝 258
果 258
東 271
枚 259
析 268
采 266
松 255
杼 263

五畫

某 256
枼 268
枯 260
林 270
柯 264
柘 254
枳 252
柏 255
枸 252
柱 261
柀 251
枲 341

六畫

桂 250
栮 270
(栗) 324
格 260
校 266
案 262
根 257
桑 273

七畫

梧 254
栝 262
梜 267
梬 250
梅 250
桼 278
梓 251
梯 263

八畫

(集) 166
椉(乘) 246
棓 263
棱 264
楗 261

九畫

㮚(栗) 324
楊 252
楬 269
椱 263
(棄) 169
椶(椶) 265

十畫

榬 270
樺 270
榦 260
(椶) 265

甯 152

十畫

索 354

十一畫

寡 353
實 348

十二畫

寬 352
寫 351
(審) 37

尸部

尸 406

一畫

尺 409

三畫

帍 408

五畫

居 406
屈 410

六畫

屋 407

七畫

展 407

十二畫

履 410

十八畫

屬 409

己部

己 643
巳 652
已 653

一畫

巴 643

七畫

巸 534

弓部

弓 565

二畫

弗 556
弘 566

四畫

弢 567

五畫

弦 567
弩 566

八畫

張 566
強 586

女部

女 545

二畫

奴 548

三畫

奸 553
如 550
妃 546
好 548

四畫

姊 547

五畫

妻 546
委 549
妾 116
妶 553
始 548

六畫

娃 552
(要) 121
姱 553
姽 549
姣 549

七畫

娙 549
娄 554

八畫

娶 545
娀 554
婥 553
婐 550
婁 552
姘 553
婢 547
婦 546

九畫

媅 550

十畫

婺 552

十一畫

嫭 554

十二畫

嬈 552
嬒 555

十三畫

嬗 551

十四畫

嬰 551

小部

小 33

一畫

少 33

五畫

尚 35

子部

衙 617

十二畫

德 73
徵 393
徹 142

十三畫

徼 76
衡 193
衞 83

十四畫

衛 82

彡部

九畫

彭 215

夂部

二畫

冬 517

三畫

夋 244

五畫

夌 242

七畫

夏 244

夕部

夕 322

二畫

外 323

三畫

多 323

广部

五畫

府 440
庚 644

六畫

度 132
庛 446
庭 441
庠 440

七畫

庫 442

八畫

庴 446
庸 151

九畫

(廄) 443

十畫

⿸广隹 446
廉 444
⿸广悤 446

十一畫

廖 445

十二畫

廚 442
廣 443
廟 445
廏(廄) 443
廛 444
廡 441
慶 487
廢 444

十三畫

廥 443

十四畫

麃 493
應 484

十六畫

廬 440

宀部

二畫

宂 349
它 589

三畫

宇 345
守 349
宅 343
安 346

四畫

完 346

五畫

宗 355
定 345
宕 355
宜 350
官 630
宛 344

六畫

宣 344
室 343
宨 356
客 353

七畫

家 342
宵 351
宮 356
害 354
容 348
宷(審) 37

八畫

寇 148
寅 651
寄 353
宿 351

九畫

寒 354
富 347

告 41
含 43
君 44
吳 476

五畫

和 46
命 44
周 48
咎 385

六畫

咸 47
品 86
哀 50

七畫

員 284
⿰口吳 51
唐 49
⿱甬口 51

八畫

唯 45

九畫

喜 214
喪 52
單 51
(善) 113

十畫

嗇 241
喿 87
嗛 42

十一畫

嘉 215

十三畫

器 89

囗部

二畫

囚 282
四 636

三畫

因 281

四畫

囪(窗) 473

五畫

固 282

六畫

囷 284

七畫

圂 283

十畫

園 281

十一畫

圖 280

十三畫

圜 280

巾部

二畫

布 369

五畫

帚 369

六畫

帝 3

七畫

席 369
帬 368

八畫

帶 367
常 367
帷 368

十畫

幏 368

山部

山 439

八畫

密 439

十八畫

巍 437

屮部

一畫

屯 13

彳部

三畫

行 81

四畫

役 140

五畫

𢓊 80
往 75
彼 75

六畫

待 78
衍 503
律 79
後 78

七畫

(徒) 60
徑 74
徐 77

八畫

(徙) 66
得 78
從 391

九畫

御 79
復 74
循 76

十一畫

巫 208

土部

土 592
士 11

一畫

壬 646

三畫

在 595
地 593

四畫

坄 599
(坐) 596
均 593
壯 11

五畫

㘴(坐) 596

六畫

城 597
垂 599

八畫

堂 594
執 479

九畫

堵 594
堪 594
報 479
壹 478

十畫

塞 598

十一畫

壽 405

十二畫

增 597

十四畫

墼 595

十六畫

壞 599

廾部

六畫

弈 118

七畫

弇 119

十六畫

龔 118

大部

大 474

一畫

天 2
夫 480

二畫

央 238
失 540

三畫

夸 475
夷 475

五畫

奔 477
奇 212

六畫

奏 480

七畫

奊 476
奚 480

八畫

爽 152

九畫

奢 479

尢部

九畫

就 239

寸部

寸 140

六畫

封 596

八畫

(尉) 468
將 140

九畫

尉(尉) 468

弋部

弋 556

三畫

式 207

口部

口 42

二畫

右 47
可 212
史 132
司 429
召 45
台 47

三畫

吉 48
同 363
合 230
各 50
名 43

四畫

吾 43
呂 356

卯 651
四畫
印 431
危 447
七畫
卽 225
卻 431
十畫
卿 432

刀部

刀 185
一畫
刃 192
四畫
刱 224
列 188
五畫
刪 189
(別) 174
利 185
刹 191

六畫
到 526
𠛬(別) 174
兔 457
制 189
刻 187
券 190
七畫
削 185
八畫
釗 189
剝 189
九畫
副 187
十畫
象 452
十一畫
剽 189
十二畫
罰 190
十三畫
劇 191
十四畫

劒 192

力部

三畫
功 606
加 608
五畫
助 606
六畫
劾 609
七畫
觔 610
觔 610
八畫
勎 610
十畫
募 610
十一畫
勢 609
十三畫
勮 608

又部

又 126
二畫
友 131
反 129
六畫
取 130
叔 130
受 172
七畫
叚 131
九畫
曼 127
叙(敢) 173

廴部

四畫
廷 80
延 81
六畫
建 80

厶部

三畫
去 221
九畫
羞 437
(參) 318

干部

干 90
二畫
平 213
五畫
幷 391

工部

工 207
二畫
左 206
巧 208
四畫

僂 116
僞 384
僮 374

十三畫

儋 375
儝 388

十五畫

償 381

八部

八 34

二畫

六 637
分 34
公 36

三畫

半 38

四畫

共 119

五畫

兵 117
弟 245

六畫

(其) 204
具 118
典 205

八畫

兼 336
眞 389

十畫

曾 35

十一畫

與 120

十四畫

興 120

勹部

二畫

勿 448

三畫

匈 563

四畫

旬 434

匕部

三畫

北 392

九畫

匘 390

儿部

二畫

元 2
先(簪) 414

四畫

先 414
充 413

五畫

克 327

六畫

兒 413

几部

一畫

凡 592

三畫

処(處) 619

亠部

一畫

(亡) 562

三畫

市 237

四畫

交 478
亦 476
亥 657

六畫

京 238
夜 322

七畫

亭 237

九畫

(孰) 122

十六畫

𢍭(棄) 169

冫部

四畫

冰 516

五畫

冶 517

冖部

七畫

冠 362

凵部

三畫

出 274

卩部

二畫

卬 390

三畫

令 430

十部

十　91

一畫

千　92

四畫

𠦃(卅)　93

六畫

(𦍒)　477

直　562

卒　402

七畫

南　275

厂部

三畫

厄　429

八畫

(原)　515

十二畫

厭　446

二十七畫

厵(原)　515

匚部

二畫

匹　563

巨　208

四畫

匠　563

九畫

匬　564

十二畫

匱　564

卜部

三畫

占　150

八畫

卣　211

冂部

二畫

冄(冉)　448

內　234

三畫

用　151

(冉)　448

人部

人　373

入　233

一畫

亾(亡)　562

二畫

什　379

今　231

三畫

仗　387

付　378

代　381

四畫

休　269

伍　379

伏　385

伐　385

件　386

任　381

五畫

何　375

佐　387

作　379

住　387

佗　374

佁　383

六畫

舍　231

侍　378

來　242

使　382

七畫

信　101.

便　381

俞　411

俉　387

俗　382

係　385

八畫

倚　378

倉　233

俱　376

倗　374

九畫

偞　388

偃　384

脩　181

偏　383

候　380

假　380

十畫

備　376

傅　377

偕　376

十一畫

傿　383

傳　382

僃　388

傷　384

十二畫

僰　386

（二）正文

一部

一 1

一畫

二 590
七 638
丁 641

二畫

三 7
亏(于) 213
(于) 213
上 3
下 4
丈 91

三畫

(云) 519
廿 93
五 637
午 653
(卅) 93
不 525
丑 650

四畫

且 620
丙 641
丘 392
卌 93

五畫

亘 591
再 169
吏 2
丞 117

六畫

更 145
(求) 404

七畫

亟 590
⿰五午 637
事 133
兩 364

八畫

甚 209

十畫

啇 90

丨部

三畫

中 12

四畫

㠯 652

丿部

一畫

乂 555
乃 211

二畫

川 514
久 246

三畫

升 623
乏 59
及 128

五畫

(年) 333

九畫

㚔(幸) 477

十畫

悉 37

丶部

二畫

之 273

三畫

丹 223

四畫

主 221

五畫

州 514

乙部

乙 640

一畫

九 638

二畫

卂 522
也 556

三畫

夬 128
予 170

六畫

甬 324

七畫

承 538

十畫

乾 640

十三畫

⿱⿰𠂉𠂉辛 244

十五畫

豫 452

十九畫

⿰亯丮(孰) 126

附

𦣻同首 28

十一畫

麥 28

鳥 28

魚 28

十二畫

黃 29

鼎 29

黑 29

黍 29

十三畫

鼓 29

黽 29

十四畫

鼻 29

齊 29

十五畫

齒 29

鼠 29

十六畫

龍 29

附

耂同老 20
卝同艸 22
辶同辵 25

五畫

示 17
瓦 18
甘 18
石 18
比 18
目 18
田 18
皿 18
生 18
矢 18
禾 18
白 19
瓜 19
疒 19
立 19
穴 19
疋𤴔同 19
癶 19
矛 20

附

玉同王 12
歺同歹 13
罒同网 20
衤同衣 21
𦘒同聿 22
民同氏 16
氺同水 17
毋同毌 17

六畫

老耂同 20
耳 20
臣 20
襾覀西同 20
而 20
至 20
虍虎同 20
虫 20
肉 20
网罒同 20
耒 20
缶 20
竹 21
臼 21
自 21
血 21
舟 21
色 21
衣衤同 21
羊⺶⺷同 21
米 22
聿𦘒同 22
艮 22
艸艹卝丱同 22
羽 22
糸 22

七畫

言 23
走 24
赤 24
車 24
豆 24
酉 24
辰 24
豕 24
貝 24
見 25
里 25
足⻊同 25
邑阝(右)同 25
身 25
辵辶辶同 25
釆 26
谷 26
豸 26
角 26
辛 26

附

镸同長 26

八畫

靑 26
長镸同 26
雨 26
非 26
隹 26
阜阝(左)自同 26
金 27
門 27
隶 27

附

虎同虍 20
飠同食 28

九畫

革 27
頁 27
面 28
韭 28
食飠同 28
音 28
首𩠐同 28

十畫

髟 28
馬 28
鬲 28
骨 28
鬼 28
高 28
韋 28

部首檢字表

（一）部首

一畫

一亅同 4
丨 4
丿 4
丶 4
乙⺄乁乚同 4

二畫

十 5
厂⺁同 5
匚匸同 5
卜⺊同 5
冂⺆同 5
人入亻同 5
八丷同 6
勹 6
匕 6
儿 6
几⺇同 6
亠 6
冫 6
冖 6
凵 6
卩㔾同 6
刀⺈刂同 7
力 7
又 7
廴 7
厶 7

附

阝(右)同邑 25
阝(左)同阜 26

三畫

干 7
工 7
土士同 8
廾 8
大 8
尢兀尣同 8
寸 8
弋 8
口 8
囗 9
巾 9
山 9
屮 9
彳 9
彡 10
夊夂同 10
夕 10
广 10
宀 10
尸 11
己巳同 11
弓 11
女 11
小⺌同 11
子 11
彑彐同 12
幺 12

附

艹同艸 22
扌同手 14
犭同犬 13
忄同心 16
氵同水 17
辶同辵 25

四畫

王玉同 12
木 12
支 13
犬犭同 13
歹歺同 13
戈 13
止 13
攴攵同 13
日曰曰同 14
牛牜同 14
手扌同 14
毛 15
气 15
片 15
斤 15
爪爫同 15
戶 15
父 15
月 15
氏民同 16
欠 16
殳 16
文 16
方 16
火 16
斗 16
心忄⺗同 16
爿 17
毋毌母同 17
水氵氺同 17

图书在版编目（CIP）数据

里耶秦简文字编 / 蒋伟男编著．-- 北京 ： 学苑出版社， 2018.10

ISBN 978-7-5077-5563-3

Ⅰ．①里… Ⅱ．①蒋… Ⅲ．①简（考古）—汇编—中国—秦代 Ⅳ．① K877.5

中国版本图书馆 CIP 数据核字（2018）第 225829 号

出 版 人：孟 白
选题策划：王 炘
责任编辑：洪文雄 杨 雷
技术编辑：王亚维
校对统筹：侯 玮
封面设计：曹全弘
出版发行：学苑出版社
社 址：北京市丰台区南方庄 2 号院 1 号楼
邮政编码：100079
网 址：www.book001.com
电子信箱：xueyuanpress@163.com
联系电话：010-67601101（销售部） 67603091（总编室）
经 销：新华书店
印 刷 厂：北京赛文印刷有限公司
开本尺寸：787×1092 1/16
印 张：85.5
字 数：731 千
版 次：2018 年 10 月北京第 1 版
印 次：2018 年 10 月第 1 次印刷
定 价：2400.00 元（特精装 全三册）